A TRADIÇÃO-SABEDORIA

Uma Introdução ao Estudo Comparado de Filosofia Oriental e Ocidental

5ª Edição Revista e Ampliada

Ricardo Lindemann

Pedro Oliveira

A TRADIÇÃO-SABEDORIA
Uma Introdução ao Estudo Comparado de Filosofia Oriental e Ocidental

5ª Edição Revista e Ampliada

EDITORA TEOSÓFICA
Brasília-DF

A TRADIÇÃO-SABEDORIA
Uma Introdução ao Estudo Comparado de Filosofia Oriental e Ocidental
Ricardo Lindemann & Pedro Oliveira
5ª Edição Revista e Ampliada

1ª Edição – 1993
2ª Edição – 2000
3ª Edição – 2003
4ª Edição – 2006

Editora Teosófica

EDITORA TEOSÓFICA, Sociedade Civil
SGAS – Quadra 603 – Conj. E, s/nº
70.200-630 – Brasília-DF – Brasil
Tel.: (61) 3322-7843
Fax: (61) 3226-3703
E-mail: editorateosofica@editorateosofica.com.br
Sites: www.editorateosofica.com.br

L 735

Lindemann, Ricardo

A tradição-sabedoria: uma introdução ao estudo comparado de filosofia oriental e ocidental / Ricardo Lindemann, Pedro. – 5. edição revista e ampliada. – Brasília: Editora Teosófica, 2011.

Inclui bibliografia
ISBN 85-85961-59-7

1. Filosofia oriental 2. Neoplatonismo
3. Teosofia I. Oliveira, Pedro. II. Título

CDD 180

Capa:
Marcelo Ramos
Diagramação:
Reginaldo Alves Araújo

SUMÁRIO

PREFÁCIO DA TERCEIRA EDIÇÃO

Em agradecimento à atenção dos leitores e levando em consideração a contínua demanda, resolvemos fazer uma nova edição revista e ampliada em quase todos os capítulos, tendo-se inclusive acrescentado, no final da obra, um novo capítulo chamado "Regeneração e o Significado da Vida". Trata-se da transcrição de uma palestra apresentada por um dos autores (Ricardo Lindemann) na Sede Internacional da Sociedade Teosófica, em Adyar, Chennai (antiga Madras), na Índia, em 27 de dezembro de 2002, durante a sua CXXVII Convenção Internacional.

A nova capa – com o aproveitamento da obra *L'ascesa all'Empireo,* cujo original se encontra no Pallazzo Ducale em Veneza, Itália, de autoria do pintor holandês Hieronymus Bosch (1453-1516), que o Dr. Carl Gustav Jung chegou a considerar como "o descobridor do inconsciente" – é um sonho antigo que agora se realiza e parece estar em plena sintonia com o título do livro.

Acrescentou-se também um **DIAGRAMA** com um **CÓDIGO ALFANUMÉRICO**, que será utilizado em todo o livro, sempre entre parênteses, **com a intenção de facilitar ao principiante a identificação das esferas da consciência e seus veículos** entre seus inúmeros sinônimos provenientes dos textos originais das diversas tradições filosófico-religiosas aqui citadas, como é próprio de um estudo comparativo e universalista desta natureza, onde se preserva a liberdade de pensamento e o respeito por todas as tradições. **A chave deste CÓDIGO encontra-se no capítulo III, na página 41, no DIAGRAMA: AS ESFERAS DA CONSCIÊNCIA,** que é uma versão modificada daquele da obra *Autocultura à Luz do Ocultismo*, do Dr. I.K. Taimni (Brasília, Ed. Teosófica, 1997.), cuja leitura também recomendamos.

Agradecemos a todos que cooperaram para tornar possível esta terceira edição e esperamos que os citados aprimoramentos venham a torná-la realmente mais útil e inspiradora para o leitor.
Brasília, outubro de 2003.

Ricardo Lindemann
Presidente da Sociedade Teosófica no Brasil

PREFÁCIO DA PRIMEIRA EDIÇÃO

Pode-se observar que a literatura esotérica atual é muito vasta e comporta uma grande variedade de assuntos, sendo geralmente difícil para o estudante interessado encontrar uma obra que sintetize os princípios da Tradição-Sabedoria.

Com este objetivo a presente obra foi originalmente utilizada como um curso por correspondência. Agora, em face das contínuas solicitações oriundas de diversas partes do território nacional, ela é editada em forma de livro, após ter tido várias tiragens em formato de apostila.

Foi mantida a estrutura original que traz, ao final de cada capítulo, um certo número de perguntas, visando um estudo dirigido do texto, bem como uma bibliografia recomendada referente à temática abordada.

Espera-se que a presente obra auxilie o estudante a estabelecer o hábito do estudo e da investigação individuais, condições essas necessárias para que a Filosofia Esotérica ou Teosofia possa revelar sua verdadeira natureza, que não se restringe ao mero conhecimento intelectual, mas que se constitui na sabedoria que dá significado aos problemas essenciais da existência humana.

Gostaríamos de registrar nosso agradecimento ao Sr. João Batista Brito Pinto pelo seu encorajamento e incentivo, bem como a todas aquelas pessoas que contribuíram na elaboração da presente obra.

Brasília, julho de 1993.

Ricardo Lindemann e Pedro Rogério Moreno de Oliveira

I

A CONTRADIÇÃO HUMANA

"ERRARE HUMANUM EST" (errar é humano) é um provérbio latino tão antigo que sua origem já é desconhecida; contudo, o seu conteúdo parece cada vez mais atual. Estamos já acostumados a conviver com os erros humanos ou, em outras palavras, com as contradições dos seres humanos. Os filósofos, desde tempos imemoriais, bem como todas as religiões do mundo, falam da fraternidade e da paz; no entanto, além das absurdas guerras entre grupos religiosos fanáticos, que pretendem justificar-se matando em nome de um conceito de Deus, corre-se o risco de uma guerra atômica que exterminaria a raça humana. Avalia-se em um milhão de dólares por minuto[1] o gasto na produção de novas armas nesse planeta, sem levar-se em consideração o custo de manutenção dos exércitos, as fortunas que nutrem o tráfico de entorpecentes e outras formas de degradação. Enquanto isso, diariamente[2], morrem quarenta mil crianças de problemas derivados da subnutrição no mundo em desenvolvimento, portanto, para cada criança que morre de subnutrição correspondem trinta e seis mil dólares que estão sendo gastos em armas; sem falar nas mortes não menos estúpidas dos suicidas dos países desenvolvidos ou das decorrentes de guerras e atos terroristas que pretendem buscar a paz e o bem estar da humanidade através de qualquer meio. Por que falamos tanto em fraternidade, amor e paz e vivemos nesta violência impressionante?

Sabe-se que hoje seria possível resolver os problemas da fome, saúde e educação do gênero humano somente com os recursos há pouco citados, de forma que se torna difícil justificar tanta miséria. Entretanto, enquanto os sistemas de direita e esquerda justificam-se reciprocamente no "empilhamento" de bombas, e os terroristas ficam a justificar sua covardia com ideais de justiça, o mundo agoniza. Não é tudo isso incrivelmente contraditório?

Em 1993, ocorreu um fato histórico sem precedentes, que prova que o mundo pode ser diferente: nasceu a União Europeia! Pela primeira vez na história da humanidade, a Europa se uniu voluntariamente, uniu-se sem a coerção das armas, sem o uso da força, mas pela consciência da necessidade. Se o mundo fizesse o mesmo e criasse um parlamento mundial genuinamente representativo, cessariam as guerras! As questões entre diferentes países seriam resolvidas por uma corte de justiça internacional, similarmente à maneira como atualmente a justiça de um país resolve as questões entre os diferentes estados que o constitui. Os exércitos seriam substituídos por uma mera polícia internacional, podendo-se então redirecionar mais de meio trilhão de dólares por ano, que hoje são gastos em armamento para nossa autodestruição, de modo que ninguém mais precisasse morrer de fome neste planeta... Isso seria realmente a Nova Era! Basta fazer as contas para descobrir quão caro custa o nosso caos, os nossos conflitos, a nossa contradição... Será que percebemos quanto perdemos pela nossa desunião?

É também conhecido o fascínio que o ser humano tem pelo poder e as mórbidas "necessidades" daí decorrentes. Talvez seja mesmo a vaidade e o anseio pelo poder que criem todo esse cruel panorama no mundo. Curiosamente, essa "necessidade" de impor a sua vontade e exercer o poder sobre os outros apresenta-se, de modo geral, diretamente proporcional à incapacidade de o ser humano dominar-se a si mesmo. Pode haver maior contradição? O ideal da filosofia platônica já era, como teria considerado Sócrates, que o homem se tornasse "senhor de si mesmo"[3] após ter conhecido a si próprio; enquanto no Oriente, Buddha, quase na mesma época, dizia que "mais glorioso não é quem vence em batalhas milhares de homens, mas sim quem a si mesmo vence"[4].

A Dra. Radha Burnier, conhecida conferencista, Presidente Internacional da Sociedade Teosófica, tem afirmado que:

> "Não se pode perguntar agora se a paz mundial é uma possibilidade, pois ela é uma absoluta necessidade. Sem fraternidade, cooperação e paz, a humanidade pode cessar de existir"[5].

Enquanto isso, a Ciência e a Tecnologia, lastimavelmente atreladas a interesses políticos, estão hoje a construir bombas atômicas tão poderosas que fazem daquela que destruiu Hiroshima, na II Guerra Mundial, um brinquedo para crianças. Dessa forma, torna-se fácil ver que, quanto mais poder o ser humano tiver antes de resolver a sua contradição, tanto pior será para a vida neste planeta; e a solução da contradição do homem encontra-se dentro dele mesmo e não fora. É porque o homem não conhece a si próprio que ele não é "senhor de si mesmo", e por isso ele se torna perigoso. Seu conflito interior, sua contradição expressam-se em tudo que ele faz. Na medida em que o homem não tiver autoconhecimento, quanto mais conhecimento e poder dermos a ele, tanto pior será; não porque o conhecimento e o poder sejam deletérios em si mesmos, mas porque enquanto o homem estiver perturbado, em contradição devido à falta de autoconhecimento, ele não poderá ter autodomínio. E não é um tanto temerário dar-se poder a quem não possui autodomínio? Nossa civilização tem subestimado o autoconhecimento, considerando-o como coisa de pouco valor prático, porém os resultados são bem visíveis e práticos: estamos à mercê dos caprichos e das infantilidades de seres humanos contraditórios e imaturos.

Por que homens como Sócrates e Buddha, já há tanto tempo, consideravam o autoconhecimento como de fundamental importância? Iniciemos nossa investigação analisando o problema dos hábitos que estão em nós. O que é um hábito? "Para tentar responder, consideremos como funciona o cérebro. Cada pensamento, de acordo com sua característica, aciona uma corrente elétrica num circuito específico de neurônios cerebrais. Isso ativa aqueles neurônios daquele circuito. A reincidência nesse mesmo pensamento ativa novamente os mesmos neurônios em detrimento, relativamente, da grande maioria que são os outros. Assim, a repetição da mesma corrente elétrica através do mesmo circuito de neurônios cria uma situação que favorece cada vez mais a repetição de todo o processo. Por esse motivo, o pensamento, a emoção e a ação são processos produtores de hábito"[6]. Isso pode tornar-se bem mais evidente se nos lembrarmos de que o neurônio é uma célula viva e, portanto, particularmente mais sensível à repetição dos estímulos do que um simples circuito elétrico, que é inerte. Caso nós nos aprofundemos nessa questão, descobriremos, talvez com espanto, que características de nossa personalidade, com as quais nos identificávamos como sendo "nós mesmos", não passam de hábitos: reações "mecânicas" do nosso passado. São condicionamentos com os quais nossa consciência[(C)] se identificou. Os hábitos assim, geralmente, criam uma segunda natureza, inconsciente e adquirida, que, às vezes, pode até chegar a estar em franca contradição com nossa natureza original[(C)]. Dessa forma, ao perceber e tomar consciência do processo formador de hábitos, poderemos estar começando a descobrir quão pouco nós conhecemos de nossa real natureza[(C)].

Os preconceitos e as superstições são um exemplo do poder condicionador dos hábitos na esfera de atuação da mente[(E1)]. Eles são, muitas vezes, assimilados do meio ambiente familiar ou cultural de nossa infância, antes mesmo que tenhamos desenvolvido o discernimento ou capacidade de distinguir a realidade interior da aparência externa, o cerne da casca, ou simplesmente de pensar por nós mesmos. Podem gerar condicionamentos com os quais nossa consciência[(C)] se identifica, sendo, assim, frequentemente, uma das causas de nossa contradição. São hábitos mentais que podem criar uma segunda natureza, automática, inconsciente e adquirida, que podem estar em contradição com os fatos, com a percepção das coisas como de fato elas são, tornando-se, assim, obstáculos na Senda do Autoconhecimento. Contra isso, o sr. Jiddu Krishnamurti já nos alertava em seu primeiro livro, *Aos Pés do Mestre*, escrito ainda em sua juventude, ao afirmar: "Precisas distinguir entre a verdade e a falsidade (...) Primeiro em pensamento; e isto não é fácil, pois há no mundo muitos pensamentos falsos, muitas superstições insensatas, e ninguém que estiver escravizado por eles poderá fazer progresso. Portanto, não deves acolher um pensamento simplesmente porque muitas outras pessoas o acolhem, nem porque se tenha acreditado nele por séculos, nem porque esteja escrito em algum livro que os homens julguem ser sagrado; tu tens de pensar sobre a questão por ti mesmo, e julgar por ti mesmo se ela é razoável. Lembra-te de que, embora um milhar de homens concorde sobre um assunto, se eles não souberem nada sobre aquele assunto a sua opinião não tem valor. Aquele que quiser trilhar a Senda tem de aprender a pensar por si mesmo, porque a superstição é um dos maiores males do mundo, um dos grilhões dos quais, por ti próprio, deves te libertar completamente"[7]. A liberdade de pensamento é, portanto, um das condições básicas para qualquer progresso nesta busca pela verdade a respeito de nós mesmos, ou seja, o autoconhecimento.

Outro exemplo de quão pouco, geralmente, nós conhecemos de nossa real natureza(C) pode estar no desconhecimento que costumamos ter a respeito das emoções que se manifestam em nós. Todos nós sabemos, por experiência própria, quão perturbadora é a emoção do ódio e quão harmonizadora pode ser a do amor, quando genuíno. Entretanto, será que todos somos conscientes da razão por que isso é assim? Recomendamos que o leitor investigue essa questão. Embora ela pareça simples, pode, sendo suficientemente aprofundada, levar-nos à própria essência do ser humano, que só pode ser conhecida de maneira direta por uma investigação atenta e profunda na consciência(C) do próprio indivíduo.

É comum ver-se o ser humano fugir das questões que exigem profunda atenção, porque é mais fácil receber ensinamentos prontos e repeti-los como até um papagaio pode fazer; mas o autoconhecimento não pode ser fornecido por terceiros; ele só pode ser fruto de nossa própria investigação. Porém, pode ser de alguma utilidade fazer algumas considerações introdutórias sobre o tema, mas que, evidentemente, não podem jamais substituir a autoinvestigação.

Pode-se observar que a pessoa humana é constituída de diversas "vontades" que, não raramente, se contradizem. Por exemplo, quando estamos assistindo a um filme ou a uma novela na televisão que nos empolga, gerando emoções que sentimos vivamente, pode surgir um conflito entre a vontade da sensação, que quer continuar assistindo ao filme, e um eventual apelo do corpo por descanso, que se manifesta por meio de uma crescente sensação de "peso" nas pálpebras. A fome, a sede etc. podem gerar conflitos similares. Isso demonstra de maneira bastante prática que a vontade do corpo(E4) e a da sensação(E2) nem sempre coincidem, e não é raro observar as pessoas levarem seu corpo a excessos, devido a sua paixão momentânea despertada por alguma sensação. Ora, se fôssemos apenas o corpo físico(E4), nossa vontade sempre se identificaria com a vontade dele e jamais ocorreriam conflitos ou excessos, pelo menos no que tange à saúde física. Como costuma dizer o Engenheiro Agrônomo J. Lutzenberger, ecologista internacionalmente conhecido, se fôssemos verdadeiramente materialistas, estaríamos, antes de mais nada, preocupados com nossa saúde física e com a conservação ecológica do meio ambiente; entretanto, nossa "civilização" não tem demonstrado isso. A grande massa da humanidade tem estado preocupada em satisfazer a vontade da sensação(E2), mesmo que isso tenha acarretado perda de saúde, acionado a ambição, causado guerras e desastres ecológicos. Se um indivíduo, ao dizer-se materialista, e assim, identificando-se com seu corpo físico(E4), age dessa maneira, não é isso profundamente contraditório?

É curioso notar que a vontade da sensação e a emotividade(E2), às vezes, desvia a vontade que quer concentrar a mente(E1), como, por exemplo, quando queremos resolver um problema de matemática ou fixar a mente(E1) no trabalho que estamos tentando realizar e a emoção(E2) nos desvia o pensar para questões afetivas, namorada, esposa, filhos etc..., ou talvez ainda surja uma fome(E4) estranha justo nesse instante, e, então, a vontade do corpo(E4) começa a lutar contra a vontade que quer concentrar a mente(E1).

Platão, no século IV a.C., já havia dividido a alma do homem em três partes, porque havia observado a natureza humana e as suas contradições. Essas três partes eram, conforme encontramos em *A República:* a apetitiva(E2) (sede dos desejos de sensações e de ganho), a arrogante ou irascível(E1) (sede da coragem e busca do poder e fama) e a inteligível(D3) (sede da razão ou compreensão e a busca da verdade). Se somarmos a isso a preguiça e busca de confortos do corpo físico(E4), já teremos uma noção intelectual da complexidade do homem e da grande possibilidade de conflitos de suas "vontades". Por isso, encontramos também em *Aos Pés do Mestre*: "Mas o corpo e o homem são dois, e a vontade do homem não é sempre a que o corpo deseja"[8].

Ainda mais antigo, o *Katha Upanishad* da tradição hindu nos diz:

> "Saiba que o Ser é o passageiro e o corpo, a carruagem; que o intelecto é o cocheiro e a mente, as rédeas. Os sentidos, diz o sábio, são os cavalos, as estradas que percorrem são os labirintos do desejo"[9].

Nessa bela alegoria oriental podemos observar que, pelo menos, o cocheiro [o intelecto – veículo do pensamento concreto – alma arrogante[(E1)]] e os cavalos [os sentidos – "instrumentos" das sensações – alma apetitiva[(E2)]] são seres que têm vida própria, ou vontade própria, independente da vontade do passageiro [o Ser – o Eu Superior – a alma inteligível – causa do pensamento abstrato[(D3)]].

Pode-se tentar compreender essa ideia oriental de que o pensamento e a emoção ou sensação têm vontade ou vida própria se nos lembrarmos de que o cérebro, por onde eles transitam quando estamos em consciência de vigília, é constituído de células vivas chamadas neurônios. Sabe-se que cada sensação corresponde a um certo circuito de neurônios cerebrais. Até a memória tem relação com regiões do cérebro. Logo, como já vimos, cada pensamento, emoção ou ação é um estímulo que produz certa impressão nos neurônios, gerando hábitos. Essas tendências ou hábitos assim gerados fazem com que os efeitos desses pensamentos, emoções e ações permaneçam conosco como impressões (chamadas de *samskāras* no *Yoga*) por um tempo proporcional à intensidade e ao número de reincidências dos mesmos.

Em seu comentário sobre os *Yoga-Sūtras* de Patañjali, o tratado milenar da *Raja Yoga,* o Dr. I.K. Taimni nos diz que "o homem comum, vivendo no mundo, está sujeito ao longo de todo o dia a todos os tipos de impactos e ele reage a esses impactos de acordo com seus hábitos, preconceitos, educação ou humor do momento, de acordo com sua natureza, como nós costumamos dizer.

"Essas reações envolvem, na maioria dos casos, maiores ou menores perturbações da mente, dificilmente existindo qualquer reação que não seja acompanhada por uma agitação dos sentimentos ou da mente. A perturbação de um impacto dificilmente teve tempo de cessar antes que outro impacto tire-a do equilíbrio novamente. Às vezes, a mente dá a impressão de estar aparentemente calma, mas essa calma é apenas superficial. Sob a superfície, há uma corrente submersa de perturbação como o marulho num mar superficialmente calmo.

"Essa condição da mente, que não precisa ser necessariamente desagradável e que é tomada como natural pela maioria das pessoas, não conduz, em absoluto à unidirecionalidade e, enquanto ela dura, resulta necessariamente em *Vikshepa:* a forte tendência da mente de estar voltada para o exterior"[10]. É essa a razão porque parece difícil ao homem comum o autoconhecimento: a própria agitação de sua mente revolve o fundo, tornando impossível a percepção nítida das zonas mais profundas. Por isso, o *Yoga* busca, em primeiro lugar, serenar a mente, para que seja possível ao homem decantar as impurezas do fundo, tornando assim límpida a percepção, nas profundezas de si mesmo, da sua real natureza[(C)].

Nessa busca de serenar a mente, é indispensável a atenta observação. Pode-se descobrir que há emoções, ou estados mentais, que poderíamos classificar como pesados, em contraposição a outros mais leves que não aprisionam a nossa consciência[(C)]. Tomemos como exemplo a depressão. Sabidamente ela é uma emoção pesada, porque, uma vez estabelecida, é de difícil remoção. Enquanto ela perdura, a consciência[(C)] sente-se perturbada e aprisionada, porque a depressão é uma emoção que entra em dissonância com a nossa real natureza[(C)], impedindo que o nosso Ser encontre possibilidade de expressar-se. Em contrapartida, quando sentimos a emoção leve da alegria, o nosso Ser consegue expressar pelo menos algo de sua real natureza[(C)] e, por isso, a felicidade flui de dentro para fora sem obstáculo: a consciência[(C)] sente-se livre.

Como vimos que as emoções e os pensamentos são decorrentes de hábitos, e como vimos que há estados pesados e leves, surge a ideia de transformar nossos hábitos emocionais e mentais. Essa arte de transformação dos estados psicológicos era conhecida entre os antigos como meditação e visava a libertação da consciência[(C)].

Uma das técnicas mais elementares de meditação é a da substituição. Está baseada no fato de que a mente[(E1)] só se ocupa com um pensamento de cada vez, bastando apenas pôr a atenção em outra coisa para que se elimine o primeiro pensamento. Portanto, a maneira mais fácil de se livrar de uma emoção pesada é substituí-la por uma leve. Conforme encontra-se em *Aos Pés do Mestre*:

> "Nunca te permitas sentir triste ou deprimido. A depressão é um erro, porque contamina os outros e torna suas vidas mais difíceis, o que não tens o direito de fazer. Portanto, sempre que ela vier a ti, rechaça-a imediatamente."

> "Deves, ainda, dominar teu pensamento de outro modo: não deves deixá-lo vaguear. Fixa o teu pensamento no que quer que estejas fazendo, para que possa ser feito com perfeição. Não deixes tua mente ociosa, mas mantém sempre bons pensamentos no seu plano de fundo, prontos a avançar no momento em que ela estiver livre"[11].

A linguagem simples da citação acima oculta uma série de leis que regem o mundo da mente; aconselhamos o leitor a descobri-las. Comentaremos algo sobre uma delas, que está relacionada com a expressão "rechaça-a imediatamente". Se observarmos, poderemos descobrir que as emoções nutrem-se das imagens mentais: os pensamentos. Por isso, a maneira correta de adquirir autodomínio sem acumular repressões inconscientes é dirigir a energia do pensamento para estados leves, pois assim, por falta de nutrientes, os estados pesados gradualmente perderão sua força. Isso acontece automaticamente mesmo que não estejamos conscientes do processo.

A emoção, o querer, nutre-se do pensar de maneira semelhante ao fogo. Se deixarmos cair um palito de fósforo aceso num tapete é fácil apagá-lo: basta um rápido movimento do nosso pé e o fogo estará extinto. Entretanto, se, por desatenção ou ignorância, deixarmos passar uns poucos instantes, perderemos rapidamente o domínio da situação e em menos de cinco minutos teremos um incêndio. Muitos morreram por terem dormido com um cigarro aceso.

De maneira muito semelhante, como dizíamos, é a emoção nutrida pelo pensamento. É fácil controlar qualquer estado emocional em seus momentos iniciais; entretanto, costuma ser difícil libertar a consciência[(C)] de emoções pesadas depois dos poucos minutos que elas necessitam para se fortalecer e se estabelecer. Há pessoas que se deixam envolver tanto nesses estados lamentáveis de ódio, tendências suicidas etc., que perdem completamente o controle. Diz um antigo provérbio chinês:

> "Um momento de paciência pode evitar um grande desastre; um momento de impaciência pode arruinar toda a vida".

Afora o aspecto consciente da perturbação, existem os aspectos subconscientes. Diz-nos o Dr. I.K. Taimni:

"Uma vez que uma perturbação tenha sido permitida, toma muito mais energia para ser superada completamente, e, mesmo que externamente ela possa desaparecer rapidamente, a perturbação interior subconsciente persiste por um longo tempo" [12].

Pode-se acrescentar que ela tentará retornar ao plano consciente para poder nutrir-se novamente. Por isso, se nós estivermos sempre a observar vigilantemente os movimentos da mente[(E1)], de momento a momento, pode-se adquirir de modo gradual um domínio de nossos estados psicológicos. Faz-se isso usando a dispersão usual do pensamento a nosso favor, substituindo-o prontamente sempre que necessário. No caso da depressão, por exemplo, quando percebermos que o pensamento está querendo trilhar os labirintos dos nossos problemas sem solução à vista, e que são os que usualmente nos deprimem, chamemos prontamente à nossa atenção os nossos bons pensamentos no "plano de fundo" de nossa mente[(E1)], substituindo, assim, o anterior que nos conduziria aos estados pesados. Como dizia Franz Hartmann:

> "*A energia acumulada não pode ser aniquilada*...É inútil tentar resistir a uma paixão que não podemos controlar. Se a sua energia acumulada não for conduzida para outros canais, crescerá até que se torne mais forte que a vontade, e mais forte que a razão. *Para controlá-la*, tu tens de conduzi-la para um outro canal *superior*. Desse modo, o amor por alguma coisa vulgar pode ser modificado, transformando-o em amor por algo elevado, e *o vício pode ser transmutado em virtude, se o seu curso for alterado*. A paixão é cega, vai para onde for conduzida, e a razão é um guia mais seguro para ela que o instinto. A ira contida (ou o amor) acabará por *descobrir* algum objeto sobre o qual descarregar sua fúria, de outro modo poderá produzir uma explosão que destruirá o seu agente [Somatização, N.R.L.]; *após a tempestade vem a bonança*. Os antigos diziam que a natureza tem aversão ao vácuo. Não podemos destruir ou aniquilar uma paixão. Se ela for expulsa, uma outra influência elemental tomará o seu lugar. Não deveríamos, portanto, tentar destruir o inferior sem pôr algo em seu lugar, mas de fato deveríamos substituir [Substituição, N.R.L.] o inferior pelo superior; o vício pela virtude, e a superstição pelo conhecimento"[13].

São técnicas elementares, se comparadas a outras mais avançadas, porém são eficazes e precisamos dominá-las antes de podermos usar as outras com segurança.

Outra técnica é a de desidentificação ou plena atenção; esta, porém, costuma exigir uma mente já mais desperta e menos apegada às suas projeções. Para que o tema não fique muito abstrato, citaremos um exemplo que já utilizamos noutra ocasião:

> "Suponhamos que nós estamos assistindo à televisão ou a um filme no cinema. O filme é real ou irreal? Supõe-se que pelo menos os adultos saibam que o filme é irreal, fictício. Mas mesmo assim sendo, pergunta-se: ele produz ou não produz emoção? Bem, somente quando nos sentimos envolvidos, identificados, não é verdade? Apesar disso, como é possível uma coisa ilusória produzir em nós um efeito tão real? Pois tal é o poder da identificação! Em verdade, todo sofrimento psicológico é fictício. Meditação é tomar consciência disso. O sofrimento físico, como ter um espinho no pé, é muito diferente, porque ele é objetivo. O espinho é objetivo; enquanto ele estiver lá, a dor não passará, mas se ele for retirado ela passará. Cessada a causa, cessa o efeito. Mas o sofrimento psicológico é subjetivo. Quem cria e nutre o sofrimento psicológico? A própria mente, nada mais! Ele pode durar uma eternidade, porém ele nem mesmo precisa começar, se nós não o criarmos. Tudo depende apenas de quão identificados estamos. Pode-se, então, notar quão intenso é o poder da identificação? Da mesma forma, quando assistimos a um programa na televisão, tendemos a nos identificar com o personagem e a torcer por ele, de modo que aquilo que agrada ou desagrada ao personagem passa a agradar ou desagradar a nós, embora essas atrações e repulsões sejam essencialmente subjetivas. Dessa forma, nós podemos ser alegres ou tristes, rir ou chorar perante uma tela de televisão mesmo quando no fundo sabemos que o filme é fictício, ilusório e transitório. A qualquer momento em que o homem lembrar que ele não é o personagem, nesse momento, ele está livre. Se ele perder novamente esse estado de consciência e enredar-se na ilusão e voltar a sofrer é de sua escolha, mas pode ocorrer. Por isso a verdade precisa sempre ser reencontrada de momento a momento, mas também por isso ela se apresenta sempre nova, apesar de ser um

reencontro... A liberdade existe toda vez que há essa ausência de apego ao eu ou à autoimagem que criamos, aos nossos gostos e desgostos"[14].

Em verdade, as projeções da mente são como um pesadelo: só parecem ter realidade enquanto nós nos identificamos com elas.

A técnica de substituição nos ensina que nunca devemos tentar lutar contra uma emoção, porque, ao preocuparmo-nos com ela, reforçamos o pensamento que a nutre, tornando-a ainda mais forte, mecanismo tipicamente repressivo que deve ser evitado. Antes devemos aprender a "mudar o canal" de nossa "televisão mental" pensando noutra coisa, ou seja, em algum pensamento que nutra uma emoção leve, ou se possível, no pensamento ou ponto de vista oposto. Assim, sugerem os *Yoga-Sūtras:*

> "Quando a mente é perturbada por pensamentos impróprios, a constante ponderação sobre os opostos é o remédio"[15].

Já a técnica de desidentificação ou plena atenção é muito mais profunda e libertadora porque nos permite observar e compreender o movimento da mente e do desejo. Contudo, ela exige uma mente já mais trabalhada e desapegada de suas projeções porque se a pessoa, ao observar essas projeções ou imagens mentais, ficar identificada com suas emoções, isso poderá ser perigoso, à medida que a pessoa poderá vir a reforçá-las ao invés de desidentificar-se delas. Nesse caso, precisaremos voltar à técnica de substituição para evitar qualquer risco, porque a mente ainda não está suficientemente preparada para a desidentificação.

Sobre este risco de ficarmos identificados por meio de uma imaginação indisciplinada, alerta-nos J.J. van der Leeuw: "O perigo começa quando o homem se imagina a si mesmo em ato de satisfação do desejo e consente que o desejo vigorize a forjada imagem. Pode um homem estar rodeado de objetos de desejo e, contudo, não experimentar perturbação nem dificuldade alguma, contanto que não permita que sua criadora energia mental reaja em tais objetos. Nunca compreenderemos suficientemente que os objetos concupiscentes não têm poder algum, a menos que permitamos à mente influir neles e forjemos imagens criadoras da ação. Mas, uma vez forjada a imagem, sobrevém a luta"[16], ou seja, a contradição...

É, além disso, extremamente perigoso manipular energias sutis visando despertar poderes psíquicos por meio de práticas de *Yoga* ainda mais avançadas sem antes ter adquirido o completo domínio de nossos estados psicológicos, que deveria ser adquirido pelo uso perseverante de técnicas simples, eficazes e seguras, caso contrário, a pessoa poderá enveredar-se pelo caminho da auto-ilusão, despertando prematuramente energias que darão mais força aos desequilíbrios já existentes, o que será triste, inclusive, para aqueles que a cercam. Na verdade, a altura de um tripé está sempre limitada pela perna mais curta, por mais que as outras duas possam ser extremamente longas, pois o risco é que a nossa contradição se acentue na medida em que a nossa maior virtude ficar escrava e a serviço do nosso maior vício... Daí a fundamental importância do equilíbrio entre o autodomínio, o autoconhecimento e a nossa capacidade de autoentrega, ou seja, o que comumente se expressa, ainda que de forma mais limitada pela personalidade[(E)], como vontade, inteligência e amor, respectivamente. Por isso, o caminho milenar do *Yoga* considerava importante preencher essa necessidade de desenvolvimento equilibrado desde o princípio, como encontra-se também nos *Yoga-Sūtras*: "Austeridade, auto-estudo e entrega a *Īśvara*[(B)] constituem o *Yoga* preliminar"[17], sendo o último uma prática de amor ou devoção, para evitar o grave risco da contradição de desenvolver o poder e o conhecimento sem desenvolver-se também o amor à Vida. Assim, quando a pessoa está pronta, preencheu os pré-requisitos preliminares, o caminho aparece; não antes.

O caminho é do autoconhecimento, e ele começa pela observação atenta dos movimentos de nossa mente de momento a momento. Assim, pela prática da meditação, a mente principia a serenar. Então, começa-se a ver o valor real de cada ser ou coisa: nossas relações com o que nos cerca.

A Sra. H.P.Blavatsky definia meditação como: "A inexplicável e ardente aspiração do homem interior pelo Infinito"[18]. Por outro lado, uma das causas da contradição e insatisfação do ser humano é justamente buscar o infinito em objetos finitos, porque ele ignora ou não percebe que é do infinito que o seu coração tem sede, e somente no infinito ela pode ser saciada. De tal busca desorientada só pode resultar frustração. O homem pode então se tornar "mais animal" que os próprios animais, deformando os instintos naturais. A beleza da vida do animal é que ele é naturalmente ecológico, nele não existe a possibilidade de contrapor-se à Natureza. Porém a mente humana tem um poder amplificador que aumenta tudo com o que se identifica ou tudo em que se concentra, como se fosse uma lupa. Assim, o ser humano pode iludir-se pensando que necessita intensamente o que está muito além do necessário, estando sempre insatisfeito com o que tem, a não ser que, pelo autoconhecimeto, descubra como orientar esse poder amplificador de projeção da mente – tal é o objetivo da meditação. Quando o ser humano busca satisfação infinita em prazeres transitórios e finitos, ele é capaz de perverter todos os seus instintos naturais. Por isso, o retorno à Natureza e ao que é simples e natural pode ser um passo inicial muito importante para conter essa espécie de gula existencial que aflige particularmente o homem moderno em seu modo de vida tão artificial. Ele necessita redescobrir a riqueza de sua vida interior, e a meditação pode assim libertá-lo dos sofrimentos ilusórios que criou com sua própria mente.

Enquanto buscamos nosso preenchimento exteriormente, deparamo-nos com as imagens desses seres ou coisas que nossos sentidos projetam em nossa mente e costumamos atribuir a eles valores ou expectativas de preenchimento segundo nossa ótica pessoal.

Quando atribuímos a algo um valor maior que o real, nós nos frustramos, desiludimo-nos cedo ou tarde, pois, alcançando esse ser ou objeto, terminamos por descobrir que seu verdadeiro valor era menor do que pensávamos. Essa desilusão será inevitável, uma vez que ele não poderá responder ao nosso apelo, segundo nossa expectativa, porque ela ultrapassa as suas possibilidades reais de resposta. Entretanto, poderemos perder muito tempo até alcançar o alvo de nossa ilusão. Então, começaremos a buscar outro alvo, pois aquele nos desiludiu. Por outro lado, podemos nos sentir inexplicavelmente vazios sem saber por que, quando, na verdade, aquilo que poderia nos preencher está muito próximo, mas nós o subestimamos, dando-lhe valor inferior ao que realmente tem. Por isso, nem sequer percebemos que longe procuramos o que perto está.

Eventualmente descobriremos que toda a felicidade vem de dentro, mas alguns seres ou objetos são mais aptos do que outros para refletir o nosso interior para nós mesmos. Esses serão, para nós, os mais valiosos. Todavia, enquanto não se descobrir o valor real de cada ente que nos cerca, não poderá haver verdadeira harmonia e, por conseguinte, haverá contradição e conflito. Só quando o indivíduo consegue refletir sobre si o seu próprio Ser, conhecendo sua real natureza(C), é que ele consegue atribuir o valor correto a tudo que o cerca, enxergando a vida na perspectiva correta. Então cessa a contradição, a harmonia se estabelece e descobre-se que a luz da felicidade nunca veio do exterior, mas sempre do interior, toda vez que nossas nuvens de desejos não a obscureceram, e que, ali, ela permanece inabalável.

Talvez nós descubramos até que nunca saímos do momento presente, que o presente é o único momento real, e que o passado e o futuro são meras projeções virtuais de nossa mente(E1). Portanto, nós nunca saímos de nossa real natureza(C), que se encontra no eterno presente (β), pois o passado é uma criação virtual de nossa mente gerada pela memória, ele já era, e o futuro também é uma criação virtual de nossa mente gerada pela imaginação, ele ainda não é. É apenas o movimento da mente(E1) que cria o tempo psicológico, que pelo apego gera a ansiedade, buscando, pelo desejo, repetir o prazer armazenado na memória ou, pelo medo, fugir da repetição da dor armazenada na memória. É somente a nossa mente que cria, pela memória e pela imaginação, o sofrimento psicológico que é subjetivo, virtual, artificial, fictício, desnecessário e ilusório como um sonho.

Nesse ponto há uma importante concordância dos grandes sábios da antiguidade, Patañjali e Śankara consideravam que a causa dos males humanos não era a falta de conhecimento sobre o mundo externo, mas a ignorância (*avidyā*, em sânscrito) sobre a nossa verdadeira natureza(C), sendo assim o último obstáculo a ser vencido para alcançar-se a libertação (*Mukti*), e o Buddha considerava esse tipo específico de ignorância ou falta de autoconhecimento (*avijja*, em páli) como último grilhão a ser rompido para se alcançar o nirvana, enquanto o Cristo dizia: "Conhecereis a verdade, e a verdade vos libertará"[19].

Platão também considera a ignorância, enquanto esquecimento de nossa verdadeira natureza(C), como a causa do mal, e afirma no diálogo *Protágoras*:"...se o agradável é o bem, ninguém que saiba ou creia que haja coisas melhores do que as que faz, e que sejam possíveis para ele, continua a fazer estas últimas, tendo possibilidade de coisas melhores. E o deixar-se vencer por si próprio não pode ser senão ignorância, nem o conseguir vencer-se a si mesmo não pode ser senão sabedoria..."[20].

A libertação da nossa contradição ou do nosso sofrimento depende, portanto, do autoconhecimento. Como diz Krishnamurti: "a meditação é o começo do autoconhecimento, e o autoconhecimento é o começo da sabedoria... Nasce a sabedoria só quando há liberdade da mente; e a mente que está tranquila encontrará o Atemporal..."[21].

Na tentativa de fornecer pelo menos uma visão intelectual introdutória, e, portanto, ainda limitada, de uma perspectiva panorâmica mais ampla sobre nós mesmos e o que nos rodeia, segundo a Tradição-Sabedoria nos revela – mas sempre preservando aquele indispensável espírito de liberdade de pensamento já enfatizado neste capítulo – foram elaborados os capítulos desta obra.

QUESTÕES PARA ESTUDO DIRIGIDO:

1) É importante o autoconhecimento? Justifique.
2) O que entra em contradição no ser humano?
3) Qual a importância da liberdade de pensamento, na busca do autoconhecimento, perante nossos hábitos mentais?
4) Poderiam os hábitos impedir um conhecimento instantâneo de nossa real natureza?[C] Justifique.
5) Qual a importância da meditação na busca do autoconhecimento?
6) Qual a atitude coerente a tomar?

BIBLIOGRAFIA RECOMENDADA SOBRE MEDITAÇÃO:

KRISHNAMURTI, Jiddu. *Aos Pés do Mestre*. Brasília, Ed. Teosófica, 1999. 147 p. (Edição de bolso)

VAN DER LEEUW, J. J. *Os Deuses no Desterro*. São Paulo, Pensamento, 1985.76 p.

GARDNER, Adelayde. *Meditação, um Estudo Prático.* Brasília, Ed. Teosófica, 1992.

CODD, M. Clara. *Meditação, Sua Prática e Resultados.* Brasília, Ed. Teosófica, 1992.

TAIMNI, I.K. *Preparação para a Yoga.* Brasília, Ed. Teosófica, 1992.

MEDITAÇÕES; Excertos de Cartas dos Mestres de Sabedoria. [Comp. Katherine A. Beechey] Brasília, Ed. Teosófica, 2003. 228p. (Edição de bolso)

BLAVATSKY, H. P. *Ocultismo Prático.* Brasília, Ed. Teosófica, 2001. 208p. (Edição de bolso)

MANUAL DE Conduta e Meditação. São Paulo, (Soc. Teosófica), 1971.

LEADBEATER, C. W. *A Mônada.* São Paulo, Pensamento, 1991.

LEADBEATER, C. W. *A Vida Interna.* Brasília, Editora Teosófica, 1996.

REFERÊNCIAS BIBLIOGRÁFICAS

1) UM MILHÃO de dólares por minuto com armas. *Correio do Povo,* Porto Alegre, 04 out. 1983, p.l.

2) Ibidem, p.l.

3) PLATÃO. *Diálogos,* A República. Rio de Janeiro, Edições de Ouro, p. 148.

4) DHAMMAPADA. Trad. Georges da Silva. São Paulo, Pensamento, 1978, p. 30. af. 103.

5) BURNIER, Radha. Trabalho Teosófico. *O Teosofista,* São Paulo, 1/84:4-6, jan./mar. 1984, p.6.

6) LINDEMANN, Ricardo. Astrologia e *Karma. Revista Semente,* Rio de Janeiro, 8:18-9, outono 1983, p.18-9.

7) KRISHNAMURTI, Jiddu. *Aos Pés do Mestre*. Brasília, Ed. Teosófica, 1999. p. 31-3. [§14-5]

8) Ibidem, p. 20. (§ 05)

9) THE UPANISHADS. Trad. Swami Prabhavananda & Frederick Manchester. Hollywood, Vedanta Press, 1978, p. 28.

10) TAIMNI, I. K. *A Ciência do Yoga.* Brasília, Ed. Teosófica, 1996. p. 180.

11) KRISHNAMURTI, *op. cit.*, p. 59-60. [§ 34-5]

12) TAIMNI, *op. cit.*, p. 180.

13) BLAVATSKY, H.P. Ocultismo Prático. Brasília, Ed. Teosofica, 2001. p.31-3.

14) LINDEMANN, Ricardo. Universality and Religion. *The Theosophist,* Madras, 1192:416-8, aug. 1992, p. 417.

15) TAIMNI, *op. cit.*, p. 185. [af. II; 33]

16) VAN DER LEEUW, J. J. *Os Deuses no Desterro.* São Paulo, Pensamento, 1985. p. 37.

17) TAIMNI, *op. cit.*, p. 109. [af. II; 1]

18) BLAVATSKY, H.P. *Glossário Teosófico.* São Paulo, Ground, 1991. p. 368

19) BÍBLIA de Jerusalém, A. São Paulo, Paulus, 1995. p. 2008. [João VIII; 32]

20) PLATÃO. *Great Books of The Western World.* Chicago, Encyclopaedia Britannica, 1952. v. 7. p. 62. [Protágoras, § 358]

21) KRISHAMURTI, Jiddu. *Nosso Único Problema.* Rio de Janeiro, Instituição Cultural Krishnamurti,1957. p.77.

Responsável por este capítulo: Ricardo Lindemann.

II

O QUE É A TRADIÇÃO-SABEDORIA?

A história testemunha o fato de que o ser humano sempre esteve em busca da verdade. Essa busca aconteceu através da exploração do ambiente em que vivia, da Natureza e do vasto Universo que o cercava. Hoje podemos ver claramente que campos tão aparentemente distintos como a Religião, a Filosofia e a Ciência são um registro histórico da busca humana pela verdade, a verdade acerca das coisas, dos fatos, enfim, do significado da existência.

A Religião aponta para uma verdade eterna, para a causa e origem de todas as coisas, sendo que os diferentes sistemas religiosos, quer no Oriente ou no Ocidente, alertam para o fato de que é através do modo de vida diário que o homem deve elevar-se até esta verdade eterna chamada Deus no mundo cristão, *Brahman* no Hinduísmo, *Tao* na antiga tradição chinesa.

A Filosofia, ou antes, a História da Filosofia, registra a longa e árdua "batalha das ideias", onde pugnam entre si diferentes concepções de mundo, luta essa que pode ser exemplificada pela tensão existente entre a visão de Heráclito e a de Parmênides, os dois célebres filósofos gregos; o primeiro defendia a realidade existindo na mudança, no mundo das coisas objetivas, e o segundo defendendo a ideia do ser imutável, do uno, da realidade radicada no mundo das ideias, das formas ideais. E tal dicotomia persistiu ao longo da História da Filosofia, onde transitam místicos e céticos, materialistas e idealistas, entre outros.

A Ciência, por sua vez, sempre esteve obstinadamente ligada ao mundo dos fatos sensíveis, ao conglomerado físico do mundo, seus habitantes e coisas, sendo que ela buscou – e busca – um conhecimento cada vez mais preciso das coisas e dos fenômenos naturais, uma vez que a Ciência busca um conhecimento cada vez mais preciso dos fatos. Ela tem na observação uma das colunas centrais de seu método. Atualmente, o poder de observação no contexto do trabalho científico multiplicou-se significativamente, através do instrumental mais sofisticado e preciso que os cientistas das diversas áreas de pesquisa encontram ao seu dispor.

Religião, Filosofia e Ciência são, portanto, três campos distintos do conhecimento humano, da busca humana pela verdade. Mas uma pergunta se impõe: isso sempre foi assim?

Em sua obra máxima, *A Doutrina Secreta,* A Sra. Blavatsky expõe a seguinte ideia:

> "É então a Teosofia uma nova religião? – eis a pergunta. De nenhum modo; não é uma 'religião', nem é 'nova' a sua filosofia; pois, conforme temos declarado, é tão velha quanto o homem pensador"[1].

Desta forma, a palavra "Teosofia" não se refere a uma nova religião ou filosofia, como alguns querem, mas à reafirmação de antigos princípios, princípios esses que podem ser encontrados no coração de várias tradições filosófico-religiosas, tais como o Hinduísmo, o Budismo, o Taoísmo, a antiga religião egípcia, o Lamaísmo tibetano, entre outras. A Teosofia (Θεοσοφία) ou Filosofia Esotérica também tem sido chamada de Tradição-Sabedoria, comunicando o sentido de que é um vínculo através dos tempos que traz até o mundo de hoje os antigos ideários acerca da natureza humana e sua constituição, da origem e do destino do homem, como também das leis que regulam o funcionamento dos vastos processos da vida. A própria palavra "tradição" encerra este significado. Ela provém do latim *traditio,* que significa "ato de transmitir ou entregar". A Tradição-Sabedoria é o resultado direto das investigações de inúmeras gerações de sábios, videntes e místicos sobre as mais profundas questões da vida. E tais descobertas foram transmitidas, através do tempo, de Mestre a discípulo. Vejamos o que H.P. Blavatsky, em sua obra *A Chave para a Teosofia,* nos diz sobre o nome "Teosofia":

> "Foi-nos transmitido pelos filósofos alexandrinos, conhecidos como amantes da verdade, *Philaletheus,* palavra composta de φιλ (*phil),* "amante" e de αλήθεια *(aletheia)***,** "verdade". O nome *Teosofia* data do século terceiro de nossa era, e foi introduzido por Amônio Saccas e seus discípulos, os quais iniciaram o Sistema Teosófico Eclético"[2].

Alexandria, situada no norte do Egito, foi um dos centros principais da antiga tradição dos Mistérios, uma instituição universalmente difundida, com centros espalhados pela Pérsia, Índia, Grécia, Roma e outros lugares. Seus integrantes eram, depois de um período de preparação, instruídos tanto sobre os profundos fatos atinentes à vida espiritual, à constituição interior do homem como também sobre as leis que governam o Universo. O significado da palavra "mistério" é bem ilustrativo. Ela provém do grego *mystérion,* que, por sua vez, deriva do verbo *myein,* "fechar, estar fechado". Também associada à mesma ideia está a palavra *muon,* "fechar os lábios". Os antigos Mistérios encerravam instruções e experiências sobre as realidades interiores da existência, experiências essas de natureza incomunicável por dizerem respeito a profundos estados de consciência espiritual, que, por sua natureza, estão além do reino do intelecto discursivo.

Vejamos a palavra em si. Teosofia significa "Sabedoria Divina", e é de origem grega – *Theosophia.* Seu estudo etimológico é bastante esclarecedor; como podemos verificar, é formada por duas palavras gregas: *theos* e *sophia. Sophia* é geralmente traduzida por sabedoria; *theos,* por sua vez, resulta do verbo grego *thein,* significando "crescer", "expandir". Esse mesmo verbo é sinônimo da raiz verbal da palavra sânscrita *Brahma*[(A)] (geralmente traduzida como "Divindade"), que é *brih,* "expandir", "crescer". Ora, o nome oriental equivalente à palavra "Teosofia" é *Brahmavidya,* sendo que a palavra *vidya* deriva-se da raiz verbal *vid,* "ver". Logo, podemos afirmar, com base nessa busca etimológica, que Teosofia é um modo de ver as coisas que está em contínua expansão, em contínuo crescimento. Isso é Sabedoria.

A Sra. Blavatsky afirma que essa Sabedoria, também chamada por ela de "Religião-Sabedoria", é o resultado direto da investigação e pesquisa de inúmeras gerações de Videntes e Ocultistas nos recessos mais profundos da Natureza. É, desta forma, uma Sabedoria derivada da experiência prática, do mergulho nas insondáveis profundidades da consciência[(C)] e do ser.

O que é Sabedoria? A Sabedoria é distinta do conhecimento. Uma pessoa pode estar repleta de conhecimento acerca dos vários campos do saber e, contudo, ser profundamente ignorante acerca da vida e de seu significado. O mero conhecimento não traz paz, harmonia, um sentimento de integração com as coisas e as pessoas. Na maioria das vezes, o conhecimento gera arrogância, dominação. Talvez nossa civilização seja uma grande evidência da espada de dois gumes que é o conhecimento, pois embora tenhamos avançado tecnologicamente e gerado benefícios que no passado eram desconhecidos, também é forçoso reconhecer que produzimos situações contraditórias, senão perigosas, como é o caso da utilização da energia nuclear com fins militares.

Há uma interessante passagem em *A Doutrina Secreta* a esse respeito:

> "...O Conhecimento reside em cabeças com
> pensamentos alheios;
> A Sabedoria, em mentes que refletem
> por si mesmas..." [3]

O mero conhecimento não nos torna integrados à vida e suas leis, seus modos de funcionamento. Portanto, a sabedoria possui essa qualidade de profundidade, que comunica o significado inerente às coisas. Podemos exemplificar com o próprio conceito que temos acerca da vida. Fomos educados dentro de determinados valores, no âmbito de uma determinada cultura. Desta forma, as opiniões que sustentamos sobre os vários assuntos da vida não são o resultado de *nossas próprias* investigações e reflexões, mas o produto dos nossos condicionamentos, de nossa formação, seja ela religiosa, familiar ou cultural.

A sabedoria implica autodescoberta, um movimento totalmente diferente, quando principiamos a investigar seriamente as várias e importantes questões da vida, com uma mente livre de preconceitos, ávida por aprender.

A Dra. Annie Besant, em sua obra *A Sabedoria Antiga*, comparou a Teosofia a um oceano. Ele possui baixios nos quais uma criança pode banhar-se em segurança, mas também possui profundidades nas quais um gigante necessita nadar. A moderna literatura teosófica apresenta o resultado das investigações e pesquisas de várias gerações de estudantes da Sabedoria Antiga ou Tradição-Sabedoria. Os livros não são oferecidos como uma descrição final dos fatos da vida, porém simplesmente como frutos de pesquisas, investigações, reflexões. Todavia é importante salientar que, à medida que a filosofia teosófica revela uma visão mais ampla dos processos da vida, ela também pressupõe uma correspondente transformação do viver. Isso merece uma reflexão mais detida.

Um dos pontos fundamentais na visão de mundo teosófica encontra-se na referência ao *karma,* uma palavra sânscrita que significa *ação* e compreende a ideia de que somos, queiramos ou não, responsáveis por nossas ações. Usualmente, esta ideia é traduzida como a lei de ação e reação ou lei de retribuição, que busca sempre restaurar a harmonia do Universo. Ela foi expressa de forma objetiva no capítulo oitavo de *O Idílio do Lótus Branco,* escrito por Mabel Collins:

> "Cada homem é seu próprio absoluto legislador, o dispensador de glória ou trevas para si mesmo; o decretador de sua vida, sua recompensa, sua punição."[4]

Esse conceito, como parte integrante da filosofia teosófica, revela o princípio da responsabilidade. Temos de aprender a tornarmonos responsáveis perante o mundo, perante a vida, pois cada ação produz um resultado, determina o estado futuro de nossa vida. Ação aqui não se refere apenas a atos físicos, mas à totalidade do nosso ser, compreendendo os níveis físico, emocional, mental e espiritual da existência.

É evidente, pelo exposto acima, que a filosofia teosófica apresenta preceitos eminentemente práticos a serem praticados em nossas vidas diárias individuais. Como veremos em capítulos posteriores, tais preceitos não constituem uma forma de autoridade externa, mas, sim, a conduta resultante de uma visão mais ampla da vida, quando o egoísmo deixa de ser a nota predominante de nossa natureza e quando ocorre o despontar do altruísmo e da simpatia universal no horizonte de nossa percepção.

Sócrates considerava o filósofo como aquele que está dirigido para a virtude e a Sabedoria. A filosofia naqueles tempos possuía um sentido e uma natureza completamente diferentes dos que adquiriu nos tempos modernos. Os "filósofos profissionais" de hoje contentam-se em argumentar indefinidamente sobre certas questões, usando quase sempre categorias buscadas no materialismo do século passado.

Mas o sentido da palavra filosofia é amor à Sabedoria e, como vimos, Sabedoria não é mero conhecimento. Ela pressupõe uma certa profundidade de visão, um ir além das aparências exteriores e contatar com aquilo que é permanente, eterno, com "o coração de amor do mundo".

A Teosofia não é apenas um amplo e profundo sistema filosófico, que lança luz sobre a natureza e o destino do homem, sobre as leis que regem o Universo, sobre a morte e seu significado. Ela é sobretudo uma Sabedoria viva, profundamente transformadora, cuja essência é compaixão por tudo o que vive e sofre. O estudante de Teosofia, se ele é sincero em seus propósitos, dá os primeiros passos no caminho de serviço altruísta ao mundo, pois a Sabedoria não apenas esclarece sua mente acerca das mais profundas questões da vida como também acende em seu coração um dedicado e sincero desejo de auxiliar seus semelhantes.

APÊNDICE DO CAPÍTULO II

TEOSOFIA: UMA SABEDORIA VIVA

A origem da palavra *Theosophia* é grega e significa primária e literalmente Sabedoria Divina. Foi cunhada em Alexandria, no Egito, no século III d.C. por Amônio Saccas e seu discípulo Plotino que eram filósofos neoplatônicos. Fundaram a Escola Teosófica Eclética e também eram chamados de *Philaletheus* (Amantes da Verdade) e Analogistas, porque não buscavam a Sabedoria apenas nos livros, mas através de analogias e correspondências da alma humana com o mundo externo e os fenômenos da Natureza. Dizia Blavatsky: "o verdadeiro Ocultismo ou Teosofia é a 'Grande Renúncia ao eu', incondicional e absolutamente, tanto em pensamento como em ação – é Altruísmo. "Teosofia é sinônimo de Verdade Eterna", Divina, Absoluta, *Pāramārthika Satya* ou *Brahmā-Vidya,* que são seus equivalentes muito mais antigos na filosofia oriental. Teosofia, portanto, é uma Sabedoria Viva; o ideal que o verdadeiro teósofo busca alcançar e manifestar em sua vida diária como serviço à Humanidade.

FILOSOFIA ESOTÉRICA OU PENSAMENTO TEOSÓFICO

A palavra teosofia adquiriu também uma significação secundária de verdade relativa, conhecida na filosofia oriental como *Vyāvahārika Satya*. É a pálida imagem daquela Sabedoria Divina e Eterna refletida na limitada esfera do pensamento humano e sua história, que seria preferível denominar de Filosofia Esotérica, Filosofia Oculta ou Pensamento Teosófico, para melhor distingui-la da sua significação primária, pois como dizia Krishnamurti: "A palavra, o símbolo, não é a coisa". Constitui-se naquele "corpo de verdades que forma a base de todas as religiões e que não pode ser reivindicado como posse exclusiva de nenhuma". Tal é o objeto daquele estudo comparativo que busca encontrar as verdades relativas naquelas três esferas do pensamento humano: religioso, filosófico e científico. Encontra-se nas Cartas dos Mestres de Sabedoria: "As doutrinas fundamentais de todas as religiões se comprovarão idênticas em seu significado esotérico, uma vez que sejam desagrilhoadas e libertadas do peso morto das interpretações dogmáticas, dos nomes pessoais, das concepções antropomórficas e dos sacerdotes assalariados".(Extraído do Folheto Oficial do Departamento de Divulgação da Sociedade Teosófica no Brasil)

QUESTÕES PARA ESTUDO DIRIGIDO:

1) Qual a característica comum entre a Religião, a Filosofia e a Ciência?
2) A Tradição-Sabedoria é um sistema religioso?
3) Que distinção você estabelece entre conhecimento e Sabedoria?
4) Qual o aspecto prático da filosofia teosófica?

BIBLIOGRAFIA RECOMENDADA:

WINNER, Anna K. *Ideias Básicas da Sabedoria Oculta*. São Paulo, Pensamento, 1977.

BESANT, Annie W. *A Sabedoria Antiga*. Brasília, Ed. Teosófica, 2003.

BLAVATSKY, H.P. *A Chave para a Teosofia*. Brasília, Ed. Teosófica, 1990.

REFERÊNCIAS BIBLIOGRÁFICAS:

1) BLAVATSKY, H.P. *A Doutrina Secreta.* São Paulo, Pensamento, 1980, v.1, p.59.

2) _________. *A Chave para a Teosofia.* Brasília, Ed. Teosófica, 1990. p. 15.

3) _________, *op. cit.* acima nota (1), v. 1, p. 208.

4) COLLINS, Mabel. *O Idílio do Lótus Branco.* Brasília, Ed. Teosófica, 2000. p. 111.

Responsável por este capítulo: Pedro Oliveira.

III

A CONSCIÊNCIA E SEUS VEÍCULOS

"Homem, conhece-te a ti mesmo" – tal era a inscrição gravada no frontispício do pórtico de Delfos, na Antiga Grécia. Tão profundo é o conselho que ela nos dá que não devemos nos surpreender pelo fato de que o próprio Sócrates a tomou por divisa. Essa misteriosa sentença atinge o próprio coração do mais irônico e constrangedor problema que aflige o homem: o nosso desconhecimento a respeito de nós mesmos! Problema esse que desafia, desde épocas já encobertas pelas névoas do tempo, mesmo a mais sagaz mente humana, que, perplexa, indaga: afinal, quem sou eu?

Na tentativa de trazer luz a essa profunda questão cabe-nos iniciar tal investigação, ao que tudo indica, pelo nosso corpo físico[(E4)] e seus constituintes, os átomos.

É sabido que a Ciência moderna avançou tanto na direção do estudo das partículas subatômicas que as experiências que demonstram a relatividade espaço-temporal nesse reino, ou do comportamento ondulatório dessas partículas, bem como do comportamento corpuscular dos fótons da luz, acabaram por abalar irreversivelmente os próprios alicerces do materialismo científico-mecanicista do século passado.

Ao que tudo indica, a humanidade como um todo ainda está longe de compreender as consequências filosóficas e até mesmo metafísicas do magnífico trabalho do Dr. Albert Einstein (1879-1955), sobre a possibilidade da conversão da matéria em energia etc.. Tanto isso é verdade que o uso que tem sido feito desse conhecimento é o mais trágico que a história já registrou – a bomba atômica – instrumento de morte em massa nesse patético jogo de dominação e destruição.

É interessante mencionar que, em 1888, muito antes de todo esse avanço da Ciência, a Sra.Helena P. Blavatsky publicou uma verdadeira profecia, em sua obra *A Doutrina Secreta,* prevendo estes fatos com nove anos de antecedência, quando escreveu: "até o ano

1897 dar-se-á um grande rasgão no véu da natureza, e a ciência materialista receberá um golpe mortal"[1]; "no dia em que a descoberta da matéria radiante do Sr. Crookes conduzir a um estudo mais completo sobre a verdadeira origem da luz, revolucionando todas as teorias atuais"[2]. É um fato histórico que J. J. Thompson descobriu o elétron e, portanto, demonstrou a divisibilidade do átomo para total surpresa do ceticismo científico da época, a partir dos estudos das descargas elétricas em alto vácuo no tubo de Crookes, exatamente no ano de 1897.

Outro ponto importante, que a Sra. Blavatsky enfatizava e deve ser compreendido, é "a diferença essencial entre ocultismo teórico e prático; ou o que é geralmente conhecido como Teosofia de um lado, e Ciência Oculta, do outro"[3], mais conhecida no oriente como *Gupta-Vidyā* ou Doutrina Secreta, pois ao perscrutar os níveis sutis da matéria, esta Ciência Oculta apresenta perigos, exigindo um longo treinamento e regras de segurança. Como também alertava C.W. Leadbeater, ao explicar por que certos conhecimentos devem permanecer ocultos, esotéricos ou secretos: "... existem forças na Natureza que só podem ser manejadas com segurança por homens que passaram por um longo curso de cuidadoso preparo. Ninguém largaria dinamite nas mãos de uma criança; contudo, isso seria um assunto trivial comparado à responsabilidade de colocar o conhecimento das grandes forças ocultas em mãos destreinadas ou indignas. Exemplos deste perigo não faltam, embora felizmente sejam superficiais e insignificantes. As pessoas que aprenderam um pequeno fragmento de conhecimento interno com relação ao fogo serpentino (chamado de *kundalini* no *Yoga*; N.R.L.), ou mesmo alguns exercícios respiratórios elementares, frequentemente conseguem arruinar sua saúde ou sanidade mental (...) e indubitavelmente, para a maioria da Humanidade, este é um dos casos em que 'a ignorância é felicidade'; pois o homem que se mantiver fora disso está razoavelmente protegido de seus perigos"[4].

A própria Sra. Blavatsky define a Ciência Oculta ou *Gupta-Vidyā* da seguinte maneira:

> "A Doutrina Secreta é a Sabedoria acumulada dos séculos, e a sua cosmogonia, por si só, é o mais prodigioso dos sistemas (...) Mas tal é o poder misterioso do simbolismo oculto que os fatos, que

ocuparam a atenção de gerações inumeráveis de videntes e profetas Iniciados, para os coordenar, classificar e explicar, durante as assombrosas séries do progresso evolutivo, estão todos registrados em algumas poucas páginas de signos geométricos e de símbolos. A visão cintilante daqueles Iniciados foi até o próprio âmago da matéria, descobriu e perscrutou a alma das coisas (...) É inútil dizer que tal sistema não é o fruto da imaginação ou da fantasia de um ou mais indivíduos isolados; que se constitui dos anais ininterruptos de milhares de gerações de videntes, cujas experiências cuidadosas têm concorrido para verificar e comprovar as tradições, transmitidas oralmente (...) Como o faziam? Examinando, submetendo a provas e verificando, em cada um dos departamentos da Natureza, as tradições antigas, por meio das visões independentes dos grandes Adeptos, isto é, dos homens que desenvolveram e aperfeiçoaram, no mais alto grau possível, seus organismos físico, mental, psíquico e espiritual. O que um Adepto via só era aceito depois de confrontado e comprovado com as visões de outros Adeptos, obtidas em condições tais que lhes conferissem uma evidência independente – e por séculos de experiências"[5].

Também em *A Doutrina Secreta*, a Sra. Blavatsky já afirmava que a matéria era uma "condensação" do espírito e que ambos eram diferentes polos de manifestação da mesma realidade subjacente caracterizada como um único "Princípio Onipresente[(A)], sem limites, eterno e imutável"[6], além dos dualismos, de modo similar ao gelo e ao vapor d'água, que são dois polos extremos de manifestação da mesma essência, a água (H_20). Essa ideia foi particularmente expressa da seguinte maneira:

> "... um dos polos é o Espírito puro, perdido no absoluto do Não Ser, e o outro polo é a Matéria, na qual ele se condensa, "cristalizando-se" em tipos cada vez mais grosseiros, à medida que desce na manifestação" [7].

É com base neste princípio de materialização progressiva que *A Doutrina Secreta* explica o surgimento do Universo. Porém, na época de sua publicação em 1888, a Ciência oficial não tinha nenhum paradigma para explicar nem sequer o fenômeno oculto da 'precipitação", ou seja, da materialização apenas da tinta das *Cartas dos Mahatmas*[8] no papel, o que foi origem de muitas acusações injustas ao longo da vida da Sra. Blavatsky. Foi somente cem anos depois, que a Sociedade para Pesquisas Psíquicas de Londres retratou-se da acusação de que a Sra. Blavatsky teria fraudado as Cartas, as quais se encontram até hoje na Biblioteca do Museu Britânico ao alcance do público. Foi o Sr. Vernon Harrison, especialista em falsificações da Casa da Moeda Britânica, conforme atesta em seu livro *H.P. Blavatsky and the S.P.R.*[9], que demonstrou, por meio de microscópio, que a tinta das *Cartas dos Mahatmas* estava no miolo do papel sem ter penetrado pelas suas bordas, um fato inexplicável para a Ciência oficial ainda hoje.

Até pouco tempo, a Ciência oficial admitia apenas três estados para a matéria: o sólido (η7), o líquido (η6) e o gasoso (η5). Entretanto, recentes pesquisas com gases de altíssimas temperaturas, na busca da fusão nuclear, vieram a demonstrar propriedades tais na matéria que esse plasma poderia ser considerado como um quarto estado.

A Ciência oculta considera, desde tempos imemoriais, a existência de 7 planos materiais (η, ζ, ε, δ, γ, β, α) [recomendamos ao leitor que acompanhe a descrição dos planos e veículos da consciência pelo **DIAGRAMA: AS ESFERAS DA CONSCIÊNCIA,** na página 41, com o respectivo **CÓDIGO ALFANUMÉRICO,** com a intenção de facilitar ao principiante a identificação das esferas da consciência e seus veículos], de sutileza crescente, subdivididos em 7 estados ou subplanos cada. Isso totaliza 49 estados, ou seja, o sólido (η7), o líquido (η6), o gasoso (η5) e mais 46 estados com coesão atômica cada vez menor e, consequentemente, com sutileza e plasticidade crescentes ou, em outras palavras, com crescentes graus de liberdade.

CÓDIGO ALFANUMÉRICO

ABSOLUTO (A)

LOGOS (B):
1° Aspecto do *Logos* (B1)
2° Aspecto do *Logos* (B2)
3° Aspecto do *Logos* (B3)

MÔNADA (C)

INDIVIDUALIDADE (D):
Veículo *Átmico* (D1)
Veículo *Búdico* (D2)
Corpo Causal (D3)

PERSONALIDADE (E):
Corpo Mental (E1)
Corpo Astral (E2)
Duplo Etérico (E3)
Corpo Físico (E4)

LOKAS
Satyaloka (α)
Taparloka (β)
Janarloka (γ)
Maharloka (δ)
Svarloka (ε)
Bhuvarloka (ζ)
Bhūrloka (η)

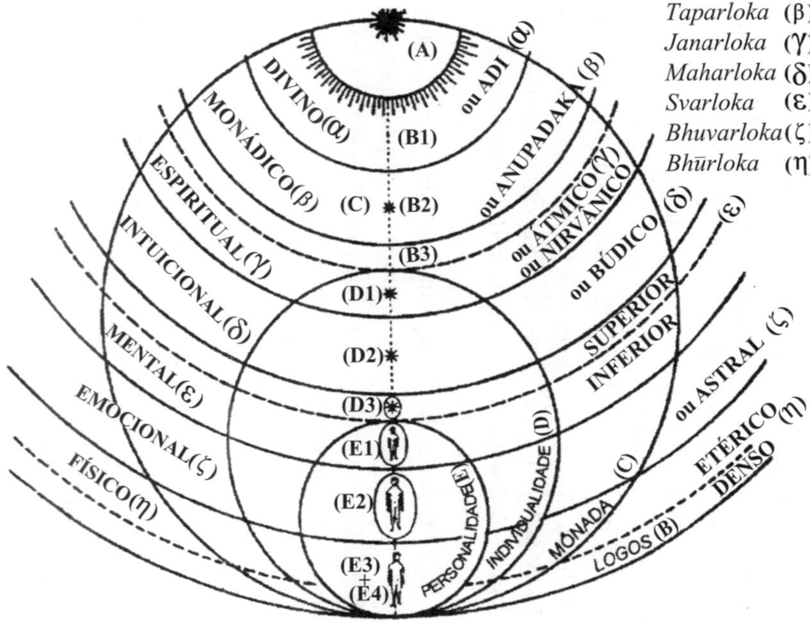

OBSERVAÇÃO:
Prāna (E3.1) [energia vital] não é um corpo.

DIAGRAMA: AS ESFERAS DA CONSCIÊNCIA

Assim, por exemplo, o corpo físico[(E4)], que é constituído de sólidos (η7), líquidos (η6) e gases (η5), teria uma contraparte sutil que seria constituída pelos 4 estados de matéria seguintes (η4, η3, η2 e η1), chamados éteres pelos ocultistas. Por isso, essa contraparte é chamada, às vezes, de corpo etérico[(E3)] e, em condições normais de vida, ela interpenetraria o corpo físico, que se constitui de matéria mais densa. Por outro lado, por ela ser uma duplicata exata do corpo físico[(E4)], célula por célula, ela é mais frequentemente conhecida como duplo etérico[(E3)].

Uma de suas principais funções é servir como matriz do corpo físico[(E4)]. Segundo a tradição oculta as células físicas crescem de acordo com o molde das etéricas que, por sua vez, constituem o duplo etérico[(E3)]. Seria esse duplo o "organizador" das células, obrigando-as a trabalhar como um todo, ou seja, como um organismo.

O trabalho da parapsicóloga Thelma Moss sobre o efeito fantasma é uma das mais recentes evidências dessa função do duplo etérico[(E3)]. Em condições normais o duplo não pode ser fotografado, devido à sutileza dos seus constituintes, porém um campo elétrico é influenciado pela sua presença. Tal é o princípio da fotografia Kirlian que, embora não possa fotografar o duplo etérico, fotografa o ar ionizado pelo efeito corona e influenciado pela interação com o duplo, e, dessa forma, consegue, ao menos, a definição do seu contorno. Por exemplo, uma folha recém-retirada da árvore, mas com parte de sua superfície cortada e destruída, desde que a parte seja menor que um décimo do todo, tem o seu contorno original nitidamente definido na fotografia Kirlian, como se ela ainda estivesse inteira. Esse contorno, que continua aparecendo mesmo sem a parte física correspondente, foi chamado de efeito fantasma e se deve à presença do duplo etérico[(E3)] da folha.

O duplo[(E3)] tende a exercer sua função moldadora no sentido de orientar o crescimento das células físicas, porém, se a lesão é muito grande, ela afeta o próprio duplo[(E3)] gerando uma irregularidade no fluxo das energias deste que gerará, no devido tempo, a cicatriz física.

Isso nos leva à segunda função do duplo etérico[(E3)] que é a de absorção, especialização e distribuição da energia vital proveniente do Sol, conhecida como *prāna*[(E3.1)] na tradição hindu. Por isso os hindus vedantinos chamam o duplo etérico de *Prānamayakosha*[(E3)], veículo de *prāna*([E3.1]); em contraposição ao corpo físico[(E4)], que eles chamam de *Annamayakosha* (literalmente: casca ou envoltório ilusório do alimento), sendo considerado ilusório (*maya*) porque não é eterno, na medida em que depende de alimento físico (*anna*). Também no Budismo esotérico é reconhecida a interdependência entre esses dois veículos, sendo o corpo físico[(E4)], chamado de *Rupa* ou *Sthula Sharira;* e o duplo etérico[(E3)], chamado *Linga Sharira*, considerados, nessa escola de pensamento, como intermediados por *Prāna*[(E3.1)], que ali é considerado como um dos sete princípios da constituição humana. A classificação dos princípios humanos, porém, é mais subjetiva, enfatizando o ponto de vista da consciência[(C)]; enquanto a classificação dos veículos da consciência[(C)] é mais objetiva, enfatizando os estados da matéria que os constituem, sendo, por isso, preferida nesta obra, por parecer-nos mais semelhante ao ponto de vista da Ciência ocidental moderna.

Os grandes centros de *prāna*[(E3.1)] são as glândulas e os centros nervosos do corpo físico[(E4)], bem como os respectivos centros de força do duplo etérico, conhecidos como *chakras* na tradição hindu, ou dos outros corpos sutis. A palavra *chakra* provém do sânscrito e, literalmente, significa roda. Os *chakras* são usualmente descritos como vórtices em forma de sino ou flor situados na superfície do duplo etérico[(E3)], com um diâmetro de aproximadamente 10 cm, com suas "hastes" conectando alguns deles à medula espinhal e outros a algumas glândulas do corpo físico. Os sete *chakras* tradicionais são situados na base da coluna, no baço, no umbigo, no coração, na garganta, entre os olhos e no topo da cabeça. É comum às diversas tradições religiosas considerar um ou mais desses pontos do corpo como sendo sagrados, como é o caso do "terceiro olho" dos hindus e dos faraós, e da auréola no topo da cabeça nas tradições cristã e budista, entre outras. As linhas de fluxo do *prāna*[(E3.1)] no duplo etérico[(E3)] formam um verdadeiro sistema de circulação e é nele que se baseiam as técnicas do *Hatha-Yoga* e da Acupuntura, por exemplo.

Existe ainda uma terceira função do duplo etérico[(E3)] que é, ao que tudo indica ou parece indicar, a mais significativa para o nosso estudo. É aquela função de intermediário que o duplo etérico[(E3)] exerce entre a nossa consciência[(C)] e o corpo físico[(E4)], visto que é através dos centros do duplo que a nossa consciência[(C)] passa a ter relação com o sistema nervoso e algumas glândulas do corpo físico.[(E4)] Ocorrendo a morte, essa função, bem como as outras, não é mais exercida, pois o "cordão de prata", como é chamado o vínculo entre o físico[(E4)] e o duplo[(E3)] na Bíblia, em *Eclesiastes* XII.6, se rompe libertando a consciência[(C)] do corpo. A partir desse momento as funções sensoras e motoras do sistema nervoso físico desvinculam-se completamente da consciência[(C)]. Fenômeno similar produz a ausência de dor durante o transe hipnótico, devido à paralisação do fluxo de *prāna*[(E3.1)] em alguma parte do duplo[(E3)]. Essa é a arte que certos faquires e *hatha-yogues* orientais dominam, possibilitando assim o controle da dor e mesmo de funções mais complexas como a pulsação do coração etc., a ponto de existir referência oficial de casos em que mestres dessa arte, considerados clinicamente mortos por não apresentarem sinais vitais perceptíveis por instrumentos, terem "repentinamente" voltado à vida.

É também essa função do duplo que produz a interação da mente com o corpo, gerando as doenças psicossomáticas etc.

Outro ponto que merece destaque é que os *chakras* são a porta pela qual o cérebro pode tomar contato com os "mundos" sutis, ou seja, são o instrumento da percepção extrassensorial. Por exemplo, a clarividência – o poder de ver a matéria sutil e, consequentemente, o lado oculto da Natureza – está relacionada com o *chakra* frontal ou "terceiro olho". Essa relação está simbolizada, na tradição egípcia, pela serpente que sai da fronte do faraó, indicando que ele era possuidor desse poder e do conhecimento que dele decorre. Aliás, foi através da clarividência que a maioria dos conhecimentos que a Tradição-Sabedoria nos oferece foram adquiridos e ratificados, ao longo dos milênios, por uma linha ininterrupta de ocultistas ocidentais e orientais, até os dias de hoje.

Aquela serpente é um símbolo comum à tradição hindu, representando a *kundalini* – energia poderosíssima que, no homem comum, "dorme como uma serpente enrolada" no *chakra* da base da coluna vertebral. Pelo uso de certas práticas de *Yoga,* o candidato capacitado, e sob a orientação direta de um instrutor competente, desperta essa força e a põe em ascensão através de *sushumnā* – como é chamada a passagem interna da espinha dorsal. À medida que essa energia passa através dos *chakras,* eles vão sendo vivificados, um a um, abrindo, assim, as portas da percepção do candidato às dimensões sutis, também chamadas de planos. Nunca é demais alertar que essas práticas são empreendidas somente nos últimos estágios do caminho do discipulado que leva à Iluminação. Nenhum principiante pode se aventurar nessas técnicas sem expor seu corpo físico[(E4)] a grande perigo, provocando, eventualmente, a loucura ou a morte.

Foi através da clarividência que os alquimistas da Idade Média conheceram o veículo da consciência que está imediatamente além do duplo etérico[(E3)]. Eles o chamavam de corpo astral[(E2)] porque, quando observado clarividentemente, assemelhava-se ao corpo físico[(E4)], porém era circundado por uma aura ovóide de cores brilhantes como as de uma estrela, que se moviam constantemente. Ele seria constituído de matéria astral, ou seja, dos 7 estados (ζ7, ζ6, ζ5, ζ4, ζ3, ζ2, ζ1) ou subplanos imediatamente mais sutis que os éteres. Essa matéria seria tão sutil que os seus átomos possuiriam um grau de liberdade a mais para vibrar, isto é, uma nova direção para deslocamento. Isso caracterizaria o plano astral (ζ), constituído por essa matéria, como quadridimensional e, portanto, interior ao plano físico(η) tridimensional. Essa interpenetração dos planos mais sutis em relação aos mais densos seria similar à "interpenetração" das diferentes ondas de rádio no mesmo espaço. Também o corpo astral[(E2)], seguindo a mesma linha de raciocínio, usualmente interpenetraria o duplo etérico[(E3)] que, por sua vez, interpenetraria o corpo físico[(E4)]. Nesse sentido, os mundos sutis estão aqui e agora conosco ou, usando a expressão do Cristo:

> "O reino dos céus está dentro de vós"[10].

O problema real encontra-se na dificuldade de focarmos nossa consciência[(C)] nesses estados elevados, sintonizarmos, por assim dizer, nosso "receptor" cerebral com essas "ondas".

Uma das funções do corpo astral[(E2)] é a de transformar as vibrações captadas pelos órgãos dos sentidos do corpo físico[(E4)] em sensações na consciência[(C)]. A Ciência oficial moderna tem encontrado dificuldades em "dissecar" a consciência[(C)] em laboratório, de modo que admite a ocorrência de tal transformação em algum recanto do cérebro, que tem sido vasculhado "de ponta a ponta" nessa busca. Por exemplo, é um fato científico que as imagens formadas em nossa retina são invertidas em relação ao mundo exterior, pois elas se formaram por intermédio do cristalino do globo ocular que, sendo uma lente biconvexa, necessariamente inverte todas as imagens reais; porém onde ocorreria a reinversão? Seria no cérebro? A investigação clarividente, com seu instrumental mais adequado para dissecar, por assim dizer, as sucessivas camadas da consciência pode ir mais longe. Segundo a Ciência Oculta, essas vibrações captadas do mundo físico pelos sentidos fluiriam pelo sistema nervoso até o cérebro do corpo físico[(E4)] de onde seriam refletidas para o cérebro do duplo etérico[(E3)] e deste para o corpo astral[(E4)]. Somente então elas se converteriam em sensações. Seria neste estágio que, eventualmente, a sensação poderia receber o "colorido" ou qualidade de "agradável" ou de "desagradável", que anteriormente não existia.

Sobre o os contatos que produzem sensações, Dr. Taimni salienta: "A razão de termos entrado nesta questão um tanto sutil e tentado pesquisar a gênese do desejo é que podemos nos habilitar a compreender a natureza do desejo bem como saber claramente onde aplicar o freio [Vide: técnicas para meditação de substituição e desidentificação no Capítulo I; N.A.] na série de transformações em nossa consciência quando desejamos controlar o desejo.(...)É necessário compreender que não há mal em sentirmos prazer quando temos certas experiências; o prazer é o resultado natural dos contatos entre o corpo e os objetos que causam prazer. A dificuldade aparece quando permitimos nossa escravidão a um objeto pelos laços da atração ou repulsão."[11] Assim, também se encontra na *Bhagavad-Gitā*: "Os prazeres que nascem do contato são, em verdade, ventres de dor, Oh Kaunteya; neles não podem regozijar-se o sábio."[12] O próprio Buddha considerava que a causa do sofrimento é o apego, que significa tanto o desejo pelo prazer quanto o medo ou repulsão pela dor.

Portanto, é somente quando existe algum envolvimento do mental[(E1)] através da memória ou antecipação, que surgiriam desse processo a atração, isto é, o desejo de experimentar novamente essa sensação agradável, ou a repulsão, no sentido de evitar a desagradável. De acordo com esse ponto de vista, essas são as raízes mais elementares do desejo e da emoção. Por isso, o corpo astral(E2) é também conhecido como veículo dos desejos (*kāma* em sânscrito), ou veículo emocional, enquanto a Sra. Blavatsky preferia chamá-lo de *kāma-rūpa* ou até de alma animal. Ele é o veículo que expressa nossos sentimentos, paixões, desejos e emoções. Platão chamava-o de alma apetitiva(E2).

Assim como os impactos sobre os sentidos físicos transmitidos pelo *prāna*(E3.1) não se transformariam em sensações sem a intervenção dos centros de corpo astral(E2), assim também essas sensações não chegariam à mente(E1) sem a ação mediadora desse veículo(E2). Essa é a segunda função do veículo astral(E2): servir como uma ponte entre a mente(E1) e a matéria física (η). Saliente-se que essa ponte funciona em ambos os sentidos, visto que a mente(E1) comanda o cérebro físico e, consequentemente, o corpo físico(E4) por meio de estímulos transmitidos através do corpo astral(E2). Ao longo deste livro, investigaremos qual é a influência dessa inter-relação dos veículos sobre o nosso estado de espírito, como causa da contradição humana.

Talvez seja importante salientar para o principiante que, nos primórdios da literatura teosófica, quando a nomenclatura dos planos de matéria e seus respectivos veículos ainda não estava tão definida, e talvez por causa da própria proximidade entre estes três corpos mais densos [a saber: os corpos físico(E4), etérico(E3) e astral(E2)], a Sra. H.P.Blavatsky chegou a usar o termo *Linga Sharira* ou duplo etérico(E3) como sinônimo de "duplo astral" e até de "corpo astral", mas, para evitar confusões nesta obra, não usaremos tais termos dessa forma.

A terceira função do veículo astral(E2) é atuar como veículo independente da consciência(C). Por exemplo, durante o sono normal ou em um estado de transe seria possível separar-se o corpo astral(E2) do duplo etérico(E3) e do corpo físico(E4), libertando o primeiro(E2) para funcionar independentemente no plano astral (ζ). Embora não tenhamos espaço aqui para abordar mais profundamente a temática do sonho, da "viagem astral" etc., poderíamos citar uns poucos fenômenos que seriam explicados por essa função. Como o plano astral (ζ) é o das emoções, nele elas são muito mais intensas do que podem ser sentidas quando nossa consciência(C) está focada no cérebro do corpo físico(E4). Assim, por exemplo, podemos sentir certos tipos de medo em um pesadelo ou extrema alegria em alguns "sonhos coloridos" que são desconhecidos no estado de vigília, porque, quando dormimos, a consciência(C) não está focada no cérebro do corpo físico(E4), mas sim no veículo astral(E2). A dificuldade está em trazer claras recordações daquele mundo de quatro dimensões (ζ) para o nosso cérebro do corpo físico(E4) tridimensional quando acordamos – só um cérebro treinado pode fazê-lo plenamente. Alguns distúrbios no retorno do corpo astral(E2) ao físico(E4) são também os responsáveis por processos de catalepsia, bem como certas sensações de queda bastante comuns que costumam acompanhar um despertar súbito.

Essa terceira função do veículo astral(E2) também está ligada às condições da consciência(C) após a morte física, que tem algumas semelhanças com o processo do sonho, como veremos na próximo capítulo.

Caso quiséssemos levar mais a fundo essa investigação sobre a real natureza(C) do ser humano, nós nos depararíamos, segundo a Tradição-Sabedoria, com o que os ocultistas denominaram plano mental (ε): o reino do pensamento. Ele seria constituído de matéria mais sutil que a astral, na verdade, pelos 7 estados de matéria seguintes (ε7, ε6, ε5, ε4, ε3, ε2, ε1). O veículo da consciência que se constituiria dos primeiros 4 estados ou subplanos mais densos (ε7, ε6, ε5, ε4) do mental seria, por analogia com os outros, chamado de corpo mental(E1) e estaria relacionado com os pensamentos concretos. É importante que investiguemos mais detalhadamente o que são esses pensamentos concretos, ao invés de apenas dizer que são aqueles não classificáveis como abstratos.

Nós consideramos há pouco como os impactos da matéria física (η), atingindo os sentidos, transmitiam-se pelo sistema nervoso para se converterem em sensações no corpo astral(E2). A primeira função do corpo mental(E1) é a de transformar essas sensações em percepções mentais de cor, forma, som, gosto, cheiro e tato. Outra de suas funções é a de criar uma imagem composta a partir da combinação das diferentes percepções mentais, ou imagens, provenientes dos diferentes órgãos dos sentidos. Assim, por exemplo, a imagem mental que nós temos de uma laranja é uma combinação de percepções de cor, forma, gosto etc., formando em nossa mente(E1) aquela imagem composta à qual, na língua portuguesa, associa-se o nome de "laranja", que corresponde a certa grafia e som. Esse nome ou uma rápida passagem de olhos por uma laranja qualquer pode evocar em nossa memória toda uma imensa série de imagens relacionadas. Dessa forma, o corpo mental percebe muito mais do que os nossos limitados sentidos captam, de fato, do mundo que nos cerca; por exemplo, ao ver a laranja, a mente[(E1)] pode lembrar-se de seu gosto, cheiro etc.. Por outro lado, nós nunca vimos os átomos de uma laranja a vibrar nem os fótons deles provenientes que são percebidos como cor por nossa mente[(E1)] dentro da faixa do vermelho ao violeta a que somos fisicamente sensíveis. Logo, não conhecemos em sua totalidade nem sequer uma laranja! Os objetos do mundo (η) que nos cerca só existem com cor, forma etc., em nossa mente; eles são, na verdade, uma manifestação de energia condensada: átomos e moléculas a vibrar. Como nos disse o Dr. I.K. Taimni:

> "O objeto é apenas uma causa instrumental desconhecida para excitar a imagem mental que é formada em nossa mente. Vivemos assim, realmente, num mundo de imagens mentais formadas em nossa mente, e projetamos esse mundo para o exterior por um processo chamado *Vikshepa* em sânscrito.
> Esse processo de projetar nosso mundo mental para fora de nós, que deveria ser bastante óbvio para quem quer que se dê ao trabalho de pensar sobre a natureza da percepção sensorial, deve nos convencer de duas coisas. Uma é que o mundo em que vivemos está realmente dentro de nós, em nossa mente, e a outra é que, na verdade, estamos vivendo no meio de ilusões as mais grosseiras, sem mesmo atentarmos no fato"[13].

Esse mecanismo objetificante do corpo mental[(E1)], a alma irascível ou arrogante do platonismo, é o causador da Grande Heresia: a ilusão de ser um eu separado. Ela gera o egoísmo que separa os homens. Por isso, a Sra. H.P. Blavatsky escreveu:

> "A mente *é* o grande Assassino do Real"[14].

Ou seja, da Unidade de tudo que vive, também chamada de Vida Una. Acrescente-se a isso que os corpos astral(E2) e mental(E1) usualmente trabalham tão interligados que poderiam ser vistos como sendo um único veículo, que já foi chamado de *kāma-manas*(E1+E2) (desejo-mente) no Budismo esotérico e de *Manomayakosha*(E1+E2) pelos vendatinos, uma verdadeira "máquina de projetar ilusões". Poderíamos até imaginá-la como uma "película de filme" constantemente a projetar imagens mentais-emocionais na "tela" do cinema que seria, nessa visão alegórica, o conjunto de átomos da matéria física (η) que nos cerca.

Outras funções do corpo mental(E1) são as de desenvolver os poderes da memória e imaginação, servir oportunamente como veículo independente da consciência no plano mental (ε), servir à consciência(C) como veículo do pensamento concreto bem como expressá-lo no corpo físico(E4) através do corpo astral(E2), cérebro do duplo etérico(E3) e sistema cérebro-espinhal, coordenar movimentos do corpo físico(E4) para a ação etc..

É importante compreender, pelo menos parcialmente, que, segundo a Tradição-Sabedoria, o corpo físico(E4), o duplo etérico(E3), o corpo astral(E2) e o corpo mental(E1) são todos mortais, formando, em conjunto, o eu inferior ou personalidade(E) – palavra que provém do termo latino *persona* (literalmente: aquilo através do qual vem o som), que era o nome da máscara usada pelos atores nos teatros greco-romanos da antiguidade, indicando o papel específico que representavam no momento, sendo que o som da voz do ator passava através dela. Assim, o eu inferior, quaternário inferior, *jīva* ou personalidade(E) seria o personagem, a "camada" mais exterior de nosso Ser, a "máscara" com que o Ego ou Eu Superior, a Tríade Superior, *jīvātmā* ou Individualidade imortal(D), se revestiria para se apresentar no teatro da vida.

Poderíamos, dessa forma, corresponder a clássica divisão trina do homem: corpo (σωμα), alma (ψυχή) e espírito (πνευμα), usada por São Paulo no Cristianismo, àquela da Tradição-Sabedoria: personalidade(E) mortal, Individualidade(D) imortal e Mônada(C) eterna, respectivamente, ou ainda, por analogia, ao gelo, água líquida e vapor d'água, por serem diferentes graus de liberdade de manifestação de uma mesma substância, apresentando, porém, diferentes propriedades. Na verdade, a ideia de corpo (σωμα) mortal do Cristianismo abrange toda a personalidade(E) mortal da Tradição-Sabedoria, sendo que São Paulo ainda o subdividia, ao afirmar: "Se há um corpo natural, há também um corpo espiritual"[15]. Segundo considera o Bispo Charles W. Leadbeater em sua obra *A Gnose Cristã*[16], o corpo natural(E3+E4) abrangeria o corpo físico(E4) e o duplo etérico(E3); enquanto o corpo espiritual(E1+E2) de São Paulo corresponderia ao *Manomayakosha* dos vedantinos, ou ao *kāma-manas* do Budismo esotérico, abrangendo o corpo astral(E2) e o corpo mental(E1) conjuntamente.

A última função do corpo mental inferior, ou simplesmente corpo mental(E1), que precisamos citar seria a de "digerir" ou processar os resultados das experiências vividas, e passar a sua essência, antes de sua morte, para ser assimilada pelo Ego imortal(D), o Homem Real ou a alma imortal vivendo em seu corpo mental superior(D3), o Pensador, como analisaremos melhor em nosso próximo capítulo. Esses resultados de experiências vividas são os "tesouros" que Jesus aconselha ajuntar "no céu, onde nem a traça nem a ferrugem consomem, e onde os ladrões não minam nem roubam"[17].

Porém esse "cofre espiritual", que é o corpo mental superior ou corpo causal(D3), como é mais frequentemente chamado por acumular as "causas" geradoras do futuro, por ser constituído da matéria sutilíssima dos 3 subplanos superiores (ε3, ε2, ε1) do plano mental, só pode acumular a essência das mais sublimes experiências de nossas vidas, sendo a imensa maioria de nossas ações grosseiras demais para atingi-lo.

O corpo causal(D3) é também o veículo do pensamento abstrato, em contrapartida ao corpo mental(E1) que é o do pensamento concreto, sendo que o princípio da mente (*manas*) atuando através destes corpos será chamado, respectivamente, de *manas superior* e *manas inferior*, no Budismo esotérico. O pensamento é meramente o estabelecimento de relações entre as imagens presentes em nossa mente; caso essas imagens sejam nomes e formas por um lado, ou conceitos, leis e princípios por outro, teremos, respectivamente, pensamentos concretos ou abstratos. Logo, é natural que o corpo causal(D3), chamado *Vijñānamayakosha* pelos vedantinos, que acumula a essência das experiências, trabalhe no nível das leis e dos princípios que se ocultam detrás das formas mais concretas. Platão chama-o de alma inteligível[(D3)], e está relacionado à nossa inteligência espiritual. O corpo causal é um corpo imortal[(D3)] que apresenta aos clarividentes alguma forma ovóide, correspondente às auras dos corpos astral[(E2)] e mental inferior[(E1)].

Os outros dois componentes da Tríade Superior[(D)] são de natureza ainda mais sutil, não parecendo mais tão adequado chamá-los de corpos.

Assim, no veículo *búdico*[(D2)] a superfície limitadora e o sentido de separação desaparecem, de modo que ele[(D2)] se apresenta à visão clarividente, como descreve o Dr. Taimni: "aparece como uma estrela de luz, emitindo raios em todas as direções"[18], raios esses que tudo interpenetram e tudo abrangem, despertando a compaixão por todos os seres, visto que no plano *búdico* (δ) já se pode sentir como absolutamente real a unidade de tudo que vive, como alertava o Cristo: "Em verdade vos digo que, quando o fizestes a um destes meus pequeninos irmãos, a mim o fizestes"[19]. Ao pleno despertar iniciático da consciência nesse veículo corresponde também a promessa do próprio Cristo, que dizia: "Naquele dia sabereis que eu estou em meu Pai, e vós em mim, e eu em vós"[20]. O veículo *búdico*[(D2)] é, assim, a sede do amor espiritual, sendo também responsável pela compreensão que perdoa iluminando o pensamento; dele provém a luz de *buddhi*[(D2)] ou intuição que dissolve as nossas dúvidas, estando associado à Sabedoria. Esse veículo[(D2)], dessa forma, tem sido identificado com o Cristo Interno, referido diversas vezes na tradição cristã. Talvez o apóstolo Paulo tenha legado a nós a mais bela dessas referências:

> "Cristo em vós, a esperança de glória"[21].

É interessante verificar a semelhança dessa referência com outra da tradição budista:

> "Olha para dentro: Tu és Buddha"[22].

Por sua vez, entre os vedantinos, o veículo *búdico*(D2) era chamado de *Ānandamayakosha,* ou seja, envoltório ilusório de bem-aventurança. Aquele que consegue focar sua consciência nele atinge um êxtase elevadíssimo, porém ainda ilusório quando comparado ao do veículo *átmico*(D1).

O veículo *átmico*(D1), através do qual *ātmā* se manifesta, é o centro da vontade espiritual que nos conduz inexoravelmente pela eternidade através de todas as limitações, constitui-se da ainda mais sutil matéria do plano *átmico* ou *nirvânico* (γ). Foi comparado a "um círculo com sua circunferência em lugar nenhum e seu centro em toda parte".

Como facilmente se nota estes conceitos são demasiadamente abstratos para que as palavras possam expressá-los de fato. Tentaremos fazê-lo através de uma alegoria. Como já vimos, a mente do indivíduo poderia ser comparada a uma película de filme constantemente a projetar imagens mentais-emocionais sobre os átomos do mundo físico (η). Quando vamos ao cinema, nem sequer percebemos que o filme fica imóvel por 1/48 de segundo enquanto apenas um quadro fotográfico é projetado na tela, porque o obturador está aberto. Durante o intervalo seguinte de 1/48 de segundo, o obturador fecha, deixando toda sala de projeção na escuridão, enquanto o filme avança para o próximo quadro fotográfico. Assim, repetidamente quadro a quadro, a projeção intermitente ocorre somente enquanto o quadro fotográfico está parado e o obturador aberto, de modo que a tela está novamente iluminada. A alternância da tela iluminada e da tela escura não é percebida, porque a velocidade é maior do que aquela em que o cérebro ainda é capaz de discriminar as imagens da retina. Portanto, sem perceber, ficamos metade do tempo (geralmente uma hora!) na mais absoluta escuridão, na medida em que o fenômeno da persistência da imagem na retina nos dá uma percepção ilusória de continuidade das imagens projetadas na tela.

Se levássemos essa alegoria mais adiante, poderíamos comparar a luz de *buddhi,* proveniente do veículo *búdico*(D2), com a luz que anima o filme projetando-o na tela de matéria física (η), ou seja, a luz que anima as imagens criadas pela mente abstrata(D3) e concreta(E1) que, por sua vez, corresponderiam aos quadros fotográficos. Poderíamos ainda dizer que o veículo *átmico*(D1) seria comparável ao obturador da máquina de projeção cinematográfica por onde a luz da lâmpada passa, porque este veículo[(D1)] também apresenta uma alternante faculdade, como compara o Dr. Taimni: "O Veículo *Átmico*[(D1)] pode também ser imaginado consistindo em um único átomo do Plano *Átmico* (γ) no qual a consciência[(C)] tem a faculdade de expandir-se e contrair-se alternadamente com inconcebível rapidez, expandindo-se para incluir a consciência de todo o plano e contraindo-se num ponto para dar um colorido individual a essa consciência que tudo abrange"[23]. Para todos os efeitos práticos, ele é a fonte de passagem de luz dentro da tríade superior[(D)], mas a lâmpada é a Mônada[(C)] (proveniente do grego *monos*: um), referida por Pitágoras, que é ainda mais sutil, e está estabelecida no plano monádico (β). Ela é o centro último de nossa consciência[(C)], também conhecida como "centelha divina", correspondendo ao espírito (πνευμα) no Cristianismo, e ao *ātmā* na terminologia hindu, embora o estudante deva estar atento, porque há escolas que o confundem com o veículo *átmico*, por não possuir este último em sua classificação. A energia elétrica que anima a lâmpada é a Divindade ou o *Logos*[(B)], também chamado *Paramātmā* pelos hindus, tema que será melhor tratado no capítulo VI. Outra comparação poderia também considerar que o *Logos*[(B)] seria a grande lâmpada ou Sol, enquanto a Mônada[(C)] seria apenas um dos seus raios de luz, mantendo suas potencialidades, em menor escala, como a chispa ou centelha mantém as características do fogo do qual proveio, podendo assim transformar-se num novo fogo.

Seguindo o conceito básico da Tradição-Sabedoria, que é o da unidade da vida, diríamos que, embora existam diversas mentes projetando diferentes películas, há somente uma lâmpada que projeta a luz que as anima. Portanto, aquele que penetrasse no centro de sua consciência[(C)] "sintonizar-se-ia" com a energia que está condensada em toda matéria do Universo e, consequentemente, sentir-se-ia "dentro" de todos os seres. Amaria aos outros como a si mesmo, de fato!

Na verdade, os recentes avanços da Física Quântica demonstram, por exemplo, que a própria irradiação da luz é descontínua, propagando-se através de porções discretas chamadas fótons. Tal fato cientificamente comprovado está em concordância com a teoria dos *kṣaṇas*, conforme encontra-se nos *Yoga-Sūtras*[24] de Patañjali, que considerava, há 2600 anos, como descontínua a própria natureza do tempo e da matéria. De modo semelhante, a filosofia Vedanta considera nossa percepção do mundo fenomenal como *Māyā* ou ilusão, não no sentido de que nele nada exista, mas apenas no sentido de que ao não percebermos ele como de fato ele é, também não percebemos nossa unidade com tudo que existe, ou na própria expressão clássica:

> "*Brahmaivedam viśvam.*
> {Na verdade, este Universo não é nada senão *Brahman*[(A)]}
> *Sarvam khalv idam Brahma.*
> {Na verdade, tudo é *Brahman*[(A)] [o Absoluto].}
> *Ātmaivedam sarvam.*
> {Tudo isto é apenas *ātmā*[(C)] [o EU, o espírito].}"[25]

Ātmā ou a Mônada[(C)] é o centro eterno de nosso Ser, mas ela não é exclusivamente humana porque preexiste a tal condição, antes ela é a fonte divina da consciência humana. Sobre essa "alma eterna" ou, mais propriamente, o espírito, foi dito:

> "A alma do homem é imortal, e o seu futuro *é* o de algo cujo crescimento e esplendor não tem limites"[26].

Ou, se preferirmos o profético símile da tradição cristã, nas palavras de Paulo, sobre o futuro do ser humano:

> "Até que todos nós cheguemos à unidade da fé, e do conhecimento do Filho de Deus, a homem perfeito, à medida da estatura completa de Cristo"[27].

Talvez agora nós possamos compreender melhor a profundidade existente na inscrição do pórtico de Delfos que, como dissemos no início dessa lição, Sócrates tomou por divisa. Gostaríamos de encerrar esse capítulo com a própria versão socrática daquela inscrição que merece nossa reflexão e que é a seguinte:

> "Homem: conhece-te a ti mesmo. Assim conhecerás o Universo e os deuses".

QUESTÕES PARA ESTUDO DIRIGIDO:

1) O que é clarividência?
2) O que são os planos (astral, mental etc.)?
3) De que se constitui a personalidade, quaternário ou eu inferior? Quais as respectivas funções desses constituintes?
4) De que se constitui o Ego imortal, Tríade ou Eu Superior? Quais as respectivas funções desses constituintes?
5) O que é a Mônada?
6) Quais são as raízes mais elementares do desejo?
7) O que gera o egoísmo?
8) Há real incompatibilidade entre espírito e matéria?

BIBLIOGRAFIA RECOMENDADA:

BESANT, Annie. *O Homem e seus Corpos.* São Paulo, Pensamento, 1976.

TAIMNI, I.K. *Autocultura;* À Luz do Ocultismo. Brasília, Ed. Teosófica, 1997. 281p.

LEADBEATER, C. W. *O Homem Visível e Invisível.* São Paulo, Pensamento, 1969.

__________ *A Mônada.* São Paulo, Pensamento, 1991. 87 p.

CARTAS dos Mahatmas para A.P.Sinnett. Brasília, Ed. Teosófica, 2001.

BLAVATSKY, H. P. *A Doutrina Secreta.* São Paulo, Pensamento, 1980.

REFERÊNCIAS BIBLIOGRÁFICAS:

1) BLAVATSKY, H. P. *A Doutrina Secreta.* São Paulo, Pensamento, 1980, v. 2, p. 324.

2) Ibidem, v. 2, p. 333.

3) ____________. *Ocultismo Prático.* Brasília, Ed. Teosófica, 2001. p. 107-8.

4) LEADBEATER, C.W. *A Gnose Cristã.* Brasília, Ed. Teosófica, 1994. p. 230.

5) BLAVATSKY, *op. cit.* nota (1), v. 1, p. 304.

6) Ibidem, v. 1, p. 81.

7) Ibidem, v. 2, p. 191.

8) CARTAS dos Mahatmas para A.P.Sinnett. Brasília, Ed. Teosófica, 2001.

9) HARRISON, Vernon. *H.P. Blavatsky and the S.P.R.*; An Examination of the Hodgson Report of 1885. Passadena, Theosophical University Press, 1997.

10) THE HOLY Bible. King James Version, 1611. New York, American Bible Society, 1980. Luke XVII; 21. [*Lucas* XVII; 21]

11) TAIMNI, I. K. *Autocultura;* À Luz do Ocultismo. Brasília, Ed. Teosófica, 1997. p. 67-8.

12) BHAGAVAD Gitā. Trad. Annie Besant. Brasília, Ed. Teosófica, 2010. p. 116. [st. V; 22]

13) TAIMNI, *op. cit.,* p. 91.

14) BLAVATSKY, H. P. *A* Voz *do Silêncio.* São Paulo, Pensamento, p. 45 (af. 4)

15) THE HOLY, *op. cit.*, (*I Coríntios* XV; 44).

16) LEADBEATER, *op. cit.*, p. 46.

17) THE HOLY, *op. cit.*, (*Mateus* VI; 20).

18) TAIMNI, op.cit., p. 155.

19) THE HOLY, *op. cit.*, (*Mateus* XXV; 40).

20) Ibidem, (*João* XIV; 20).

21) Ibidem, (*Colossenses* I; 27).

22) BLAVATSKY, *op. cit.* acima nota (12), p. 61. [af. 116]

23) TAIMNI, *op. cit.*, p.155.

24)__________. *A Ciência do Yoga*. Brasília, Ed. Teosófica, 1996. p. 333-6. [af. IV-33]

25)__________.*O Homem, Deus e o Universo*. São Paulo, Pensamento, 1989. p. 117.

26) COLLINS, Mabel. *O Idílio do Lótus Branco.* Brasília, Ed. Teosófica, 2000. p. 111.

27) THE HOLY, *op. cit.*, (*Efésios* IV; 13).

Responsável por este capítulo: Ricardo Lindemann.

IV

O CICLO DA VIDA E DA MORTE

O homem, em todas as culturas, em todos os tempos, sempre observou, algo intrigado ou fascinado, o incansável movimento da Natureza:

> "E também nasce o Sol, e põe-se o Sol, e célere retorna ao lugar onde nasceu."
>
> "O vento vai para o Sul, e faz o seu giro para o Norte, e continuamente vai girando o vento, e volta novamente refazendo seus percursos."
>
> "Todos os rios correm para o mar e, contudo, o mar não se enche; do lugar de onde os rios vêm, de lá eles retornam novamente"[1].

E assim segue o *Eclesiastes* a constatar o movimento cíclico de toda a Natureza. Esse movimento, essa vida pulsante, pode ser vista em toda parte: nos átomos, nos astros, até mesmo em nosso coração. Aliás, esse trecho bíblico, dos primórdios de nossa cultura, também nos fala do ciclo do homem dizendo:

> "Uma geração passa, outra geração vem, mas a Terra para sempre permanece"[2].

E talvez esse seja o maior contraste que o homem percebe desde sua infância: de um lado, a vastidão do Universo e o movimento perpétuo de toda a Natureza e, do outro, a frágil e transitória constituição dos corpos que dela fazem parte.

Dizia Gautama, o Buddha:

> "Tudo o que se reúne, não escapa à separação Tudo o que aparece, desaparece..."[3].

"Não tardará muito e este corpo jazerá por terra, abandonado, sem vida, inconsciente, insensível, semelhante a um inútil galho seco" [4].

Usando metáfora semelhante, Lao Tsé, o antigo sábio chinês, refere-se assim à questão da morte:

"Quando nasce, o homem é fraco e flexível.
Quando morre, é forte e rígido.
Isto acontece com tudo.
As árvores, as plantas são macias e tenras quando novas.
Secas e duras quando morrem.
A firmeza e resistência são sinais da morte.
A fraqueza e flexibilidade, manifestações da vida"[5].

Também na tradição dos Mistérios existe essa busca de compreensão da morte nos ciclos da vida da própria Natureza. Assim, por exemplo, o nascimento e a infância de uma pessoa eram comparados à primavera, quando a vida floresce. A maturidade era vista como sendo o verão, quando a vida frutifica. Por sua vez, o outono era comparado à velhice e à morte, porque com a queda das folhas desaparecia a manifestação da vida. A árvore então se apresenta seca, sem o verdor que representa a vitalidade. Shri Ramana, o sábio indiano contemporâneo, fazia comparação similar quando perguntava:

"Pode o corpo, que é inanimado como um pedaço de madeira, refulgir e funcionar como 'Eu'?"[6].

Já o livro de *Eclesiastes* prefere comparar o corpo físico com um cântaro de barro na seguinte passagem:

"Ou sempre que o cordão de prata for rompido, ou a copa de ouro for despedaçada, ou o cântaro for quebrado junto à fonte, ou a roldana for partida junto ao poço."

"Então o pó voltará à terra, como era; e o espírito voltará a Deus, que o deu"[7].

Essa passagem, já mencionada no capítulo anterior, faz clara alusão ao rompimento do cordão de prata no momento da morte. Parece interessante lembrar que o cordão de prata é o vínculo sutil que existiria entre o corpo físico[E4] e o duplo etérico[E3], sendo esse último comparado a uma copa de ouro.

Quando esse cordão se rompe, o duplo[E3] se separa definitivamente do corpo físico[E4], levando consigo a vitalidade ou *prāna*[E3.1]. Assim, o organismo físico[E4] deixa de estar vivo como uma totalidade, perde a sua unidade integral e passa a ser "meramente uma coleção de células independentes"[8]. "A vida das células separadas continua, como fica evidenciado pelo bem conhecido fato de que os cabelos do cadáver às vezes continuarão a crescer"[9]. Por outro lado, como lembrava Eliphas Levi, "o corpo não se decomporia se ele estivesse morto; todas as moléculas que o compõem estão vivendo e lutando para separar-se"[10]. Como dizia Geoffrey Hodson, "dessa maneira, o corpo nunca está tão vivo do que quando está morto, mas ele está vivo em suas unidades e morto em sua totalidade"[11].

Talvez possamos encontrar alguma analogia do cordão de prata com o cordão umbilical físico, que nutre o corpo do feto, visto que os clarividentes, ao longo desses milênios, têm descrito aquele vínculo sutil como "um jorro de forças fluentes que brilham com uma delicada luz prateada"[12]. "Essa corrente flui entre as cabeças dos corpos físico[E4] e superfísicos (E3, E2, E1, etc), conectando-os desse modo. Enquanto ela continua a fluir, há sempre a possibilidade do despertar físico. Uma vez interrompida, como no momento da morte, não há mais possibilidade de retorno. Casos de aparente ressurreição são na realidade apenas 'redespertares' em corpos que não estavam mortos"[13]. Essa última ideia nos leva à questão bastante atual dos casos de pessoas que "voltaram" à vida depois de terem sido consideradas clinicamente mortas, fato que se deve aos recursos inusitados que a medicina moderna vem utilizando.

O Dr. Raymond Moody Jr., em seu livro *Vida Depois da Vida,* que se tornou um *best-seller* internacional, coletou cento e cinquenta relatos de pacientes que foram assim "revividos". Ao que tudo parece indicar, esses relatos foram coletados com imparcialidade e têm uma série de traços comuns. Um deles é o fenômeno da recapitulação, assim denominado pelo autor, ocasião em que toda a vida da pessoa que se aproxima da morte retornaria como um filme projetado em sua mente. Citemos alguns exemplos:

"Depois de todo aquele barulho e de passar por aquele lugar comprido e escuro, todos os meus pensamentos infantis, minha vida inteira lá estava no fim do túnel, iluminada diante de mim"[14].

"Esse *flashback* foi na forma de imagens mentais muito mais vívidas que as normais. Via só as principais, mas tudo era tão rápido como olhar todo o álbum das imagens da minha vida e ser capaz de conseguir fazer isso em segundos. Passava diante de mim como uma fita de cinema numa velocidade tremenda, e, no entanto, eu era capaz de ver e compreender absolutamente tudo"[15].

"Depois pude ver as coisas mesquinhas que fiz quando criança, e pensei em minha mãe e em meu pai, desejando não ter feito aquelas coisas, desejando poder voltar e desfazê-las"[16].

Entre esses relatos de pessoas enfartadas, acidentadas etc., também é frequente a tentativa de descrição do corpo astral[(E2)], porém feita por pessoas que não conheciam intelectualmente tais conceitos, como pode-se notar nos seguintes exemplos:

"Lembro-me de ter sido empurrada na maca até a sala de operação, e as horas seguintes foram o período crítico. Durante esse tempo, eu ficava entrando e saindo do meu corpo físico, e podia vê-lo bem de cima. Mas, enquanto isso, eu ainda estava em um corpo – não um corpo físico, mas algo que pode ser descrito melhor como um padrão de energia"[17].

"O ponto mais incrível de toda a experiência foi o momento em que o meu ser estava suspenso acima da parte da frente da minha cabeça. Era quase como se ele estivesse tentando decidir se queria deixá-la ou ficar"[18].

> "Eu não estava em um corpo como tal. Podia sentir algo, uma espécie de... como uma cápsula, talvez, como uma forma pura. Eu não podia vê-la; era como se fosse transparente..."[19].

Parece merecer destaque a semelhança desses relatos com o ovoide sutil [corpo astral[(E2)]] vinculado ao corpo físico[(E4)] pela cabeça, através do cordão de prata que citamos há pouco, conhecido entre os orientais como *sūtrātmā:* o fio da vida, ou, literalmente, o fio do espírito.

O Livro Tibetano dos Mortos (Bardo Thödol), cujos manuscritos remontam ao século XIV d.C. ou antes, bem como outros tratados orientais bem mais antigos como o *Garuda Purāna* não só contém ensinamentos com semelhanças notáveis aos relatos aludidos, como vão muito mais além, descrevendo, inclusive, detalhes do fluxo do *prāna*[(E3.1)] [energia vital] pelo *nādis* [condutos sutis do duplo etérico[(E3)]] no momento da morte, que vão além do nível introdutório dessa obra. Traçaremos apenas um esboço desses ensinamentos.

Geralmente a aproximação da morte não é sentida pelo indivíduo porque o suprimento do sangue e, portanto, de oxigênio para o cérebro, vai se reduzindo gradualmente, levando à inconsciência, semelhantemente ao processo de pegar no sono, cessando mesmo qualquer dor física que alguma doença pudesse estar produzindo.

Os clarividentes, em síntese, têm descrito assim o processo da morte:

> "Quando a hora da dissolução se aproximar, veremos as forças vitais do corpo sendo retiradas das extremidades e centralizadas no coração, para lá serem visíveis como uma dourada luz incandescente. Depois disso, a sensação nos membros inferiores é grandemente reduzida. Então, como a morte se aproxima, as forças vitais se retiram ainda mais para o centro da cabeça, no terceiro ventrículo do cérebro, que é a sede da consciência Egoica[(D)] durante a vida física"[20]. Então deve começar, para o moribundo, o processo de recapitulação "no qual os eventos da vida recém-concluída passam perante o olho de sua mente em clara perspectiva, causas e seus efeitos, sucessos e seus resultados, fracassos e suas consequências, sendo vistos e correlacionados"[21]. "Mesmo um *louco,* ou

um homem num acesso de *delirium tremens* terá seu instante de perfeita lucidez no momento da morte, ainda que incapaz de exprimi-lo para os presentes"[22]. "Esse processo de recapitulação é muito importante, pois dele é destilada uma certa sabedoria – o fruto da vida recém-concluída. É por essa razão que devemos estar mental, emocional e fisicamente quietos no aposento mortuário, a fim de que por um excesso de tristeza nós não perturbemos o ente querido nesse importante processo. Ele agora está vivendo em um corpo mais sutil, o corpo de sentimentos [corpo astral[(E2)], N.T.], e, portanto, está altamente sensível às forças do pensamento e da emoção"[23].

A essa altura, o *prāna*[(E3.1)] se retira pelos *nādis* do topo da cabeça (*sahasrara chakra*), e o cordão de prata rompe-se definitivamente. Começa, então, o período de inverno da alma, que se segue à morte outonal. Sem folhas, a árvore depende exclusivamente dos nutrientes acumulados no caule durante as outras estações e das raízes, que se aprofundam no nível subterrâneo, para nutrir-se durante o inverno. Por isso, as tradições antigas comparavam o inverno ao período *post-mortem,* quando a alma[(D)] destila, repetindo a expressão do Sr. Geoffrey Hodson, anteriormente citada, a Sabedoria – o fruto da vida recém-concluída, ou, se preferirmos, digere o "alimento" acumulado durante a vida física. Poder-se-ia dizer que, durante a vida dita objetiva, nós "ingerimos" uma grande quantidade de experiências, às vezes tão rapidamente que elas parecem não ter sentido. Por isso, é comum descobrirmos o significado de certas experiências somente vários anos depois de elas terem ocorrido. Seja como for, o período após a morte obriga-nos a digerir, quer queiramos ou não, tudo o que ingerimos durante a vida. Esse processo de "digestão psicológica" de nossas experiências, dependendo da natureza destas, nem sempre é agradável. Assim como depois de um dia muito tumultuado, podemos ter um sono intranquilo, e as emoções de ódio que permitimos arraigarem-se em nós poderão retornar na forma de um pesadelo, também a natureza da vida *post-mortem* seria um reflexo de nossa vida física. Se nos "alimentamos" com experiências pouco saudáveis, corremos o risco de uma "indigestão". Esse estado corresponde, particularmente, às frequências inferiores do plano astral (ζ).

Esses ensinamentos são, de fato, muito antigos, pois, como disse a Sra. Blavatsky, "os Mistérios, ou seja, o Ocultismo dramatizado, pertencem a uma época anterior à dos caldeus e egípcios"[24]. Sobre os Mistérios Menores na Grécia Antiga, o Sr. Leadbeater fornece-nos as seguintes informações:

> "Os mitos da religião esotérica da nação eram tomados e estudados nos Mistérios Eleusianos tal qual nos Mistérios do Egito. Entre os relacionados com a vida póstuma achava-se o de Tântalo, que fora condenado a sofrer perpétua sede no Hades. A água rodeava-o por todos os lados, mas refluía dele toda a vez que tentava bebê-la; sobre sua cabeça pendiam galhos de frutas, que se contraíam quando ele estendia a mão para apanhá-las. Isso era interpretado no sentido de que quem morre cheio de desejos sensuais de qualquer espécie, depois da morte se sente ainda cheio de desejos, mas impossibilitado de satisfazê-los.
>
> "Outro conto é o de Sísifo, condenado a empurrar eternamente, para o cimo de uma montanha, um enorme bloco de pedra mármore, que tão logo alcançava o topo rolava de novo montanha abaixo. Isso representa a condição após a morte de um homem cheio de ambição pessoal, que passou sua vida a traçar planos com fins egoístas. No outro mundo (ζ), continua traçando e executando planos, mas sempre descobre, no momento de completá-los, que não passaram de um sonho"[25].

Nestas citações pode-se perceber algo das dificuldades iniciais da personalidade que traz hábitos da vida física, mas é obrigada a adaptar-se às condições do *Kāma-Loka* (região do desejo) ou plano astral (ζ) após a morte, correspondendo ao período de purgação da alma apetitiva ou corpo astral[(E2)]. Quando isso se esgota, ocorre a segunda morte; o indivíduo separa-se do corpo astral[(E2)], passando a ter o foco da consciência no plano mental (ε) ou mundo-céu, através de seu corpo mental[(E1)]. Assim, sua assimilação de significado das experiências passa a ser muito mais intensa, pois as paixões do corpo astral[(E2)] não podem mais deformar a percepção do valor das coisas, dos seres e dos fatos. É então que o indivíduo verdadeiramente "destila uma certa sabedoria" dos eventos de sua vida.

O *Hades,* "o invisível", o mundo dos mortos (ζ) da tradição grega, que citamos há pouco, tinha, tal qual o *Amenti* dos egípcios, diversas regiões das quais a mais tenebrosa era o Tártaro (ζ7), em contraposição aos Campos Elísios (ε), onde sempre era primavera. Existe certa semelhança entre essas regiões e o purgatório (ζ) e céu (ε) cristãos, porém, na verdade, elas correspondem a diversos graus de projeção da mente, desde "pesadelos" até "sonhos coloridos", embora essa comparação não seja perfeita.

Todavia, é interessante notar como os sentimentos em sonhos e pesadelos, que, como vimos no capítulo anterior, ocorreriam no plano astral (ζ), podem ser muito mais intensos que os de nossa vida em vigília. Tal se deve, segundo a tradição, porque "assim como... a maior parte da força do pensamento é gasta para colocar em movimento as partículas cerebrais, assim a maior parte da eficiência de qualquer emoção é exaurida na transmissão ao mundo físico (η), de tal forma que, tudo o que vemos aqui em baixo é um resto do que sobra do sentimento real, após todo o trabalho que fez. A totalidade dessa força está disponível em seu próprio mundo (ζ) e, assim, lá é possível sentir afeição ou devoção muito mais intensas do que jamais podem ser obtidas nas névoas da Terra (η). Naturalmente, o mesmo é válido quanto às emoções menos prazerosas; acessos de ódio e inveja ou ondas de comiseração e medo são cem vezes mais formidáveis naquele plano (ζ) do que neste (η). Assim, o homem que não tem autocontrole poderá sofrer uma intensidade de sofrimento que é inimaginável nas restrições da vida normal que benevolamente nos são impostas"[26].

Ao leitor interessado em maiores detalhes desses inúmeros estados de consciência póstuma, aconselhamos as obras de clarividentes treinados como o Sr. C. W. Leadbeater, que também nos diz:

"O homem cria o seu purgatório e o seu céu. Correspondem ambos a estados peculiares de consciência, porém, de forma alguma a um local, conforme a opinião geralmente admitida. Quanto ao inferno, é uma simples ficção, uma invenção teológica. Não existe. Entretanto, uma vida desregrada e extravagante conduz a um purgatório penosíssimo e de mui longa duração, porém não eterno, porque nem o purgatório, nem o céu podem ser, com efeito, eternos; uma causa finita não tem resultado infinito"[27].

Os casos de morte súbita por "acidentes", como costumam ser chamados, ou por suicídio, trazem complicações adicionais. A velhice, a doença etc., que geralmente precedem a morte natural, vão gradualmente desinteressando a pessoa pela vida física, de forma a tornar mais fácil a sua adaptação no outro lado(ζ).

"A morte súbita pode causar um choque temporário. Catástrofe pode gerar pânico. A lembrança de atos malévolos feitos na Terra e a voz da consciência podem torturar a mente. Pode haver um vício não conquistado, obrigações não cumpridas, conflitos psicológicos e complexos não resolvidos, desejos profundos nunca satisfeitos, e tudo isso pode causar e, de fato, causa algum sofrimento temporário após a morte"[28].

"A vantagem é que, por menos que a maioria das pessoas o compreenda, no mundo astral (ζ), toda a dor e sofrimento são, na realidade, voluntários e estão absolutamente sob controle; é por isso que a vida naquele nível é tão mais fácil para o homem que compreende"[29]. "Portanto, não há razão alguma para temer o plano astral(ζ), e onde o temor existe é apenas devido à ignorância"[30].

No capítulo anterior foi abordada a questão das limitações da percepção sensorial. Vimos como a mente compõe os objetos em si mesma a partir das limitadas informações que os sentidos nos fornecem. Assim, "objetificamos" tudo como imagens mentais projetadas pela mente[(E1)], como se fosse um filme de imagens mentais-emocionais, sob a "tela" dos átomos físicos a vibrar ao nosso redor. Dessa forma, não conhecemos sequer uma laranja, pois nunca vimos seus átomos a vibrar, mas, através de *Vikshepa,* projetamos imagens que nos parecem a única realidade possível. Após a morte, ou nos sonhos, esse processo continua no plano astral(ζ), onde a maior plasticidade da "tela", que passa a ser de átomos de matéria astral, oferece recursos muitíssimo maiores, tornando a projeção de imagens muito mais vívida e intensa. Após a segunda morte, como vimos, a consciência(C) atua diretamente sobre os átomos de matéria mental (ε), ainda mais plásticos e sutis. Consequentemente, a riqueza e intensidade da projeção são inimagináveis na vida física. Por isso, os antigos chamavam esse estado de céu (ε), *Devachan* (morada dos deuses), e, corresponde às regiões superiores do *Amenti* egípcio, onde a felicidade é constante. Como nesse mundo mental (ε) a relação entre os seres é telepática, mesmo que a personalidade(E) dos vivos possa não tomar consciência física do fato, o "morto", assim chamado, relaciona-se muito mais intensamente com os seus entes queridos nesse estado do que quando vivia fisicamente entre eles. Isso porque a mente(D1) está em seu próprio mundo (ε) e se relaciona com tudo de uma forma muito mais livre.

É nessa "condição invernal" da consciência(C) que os nutrientes acumulados nas estações da vida são digeridos e assimilados pelo corpo causal(D3). É, na verdade, um processo de "destilação" no qual a essência nobre da "flor", que é a personalidade(E) em questão, se imortaliza. Sobre isso, a Sra. Blavatsky comenta:

> "O teu 'Eu' espiritual [o Eu Superior(D), N. T.] é imortal; mas do teu 'eu' atual [a personalidade terrestre(E), N. T.] ele pode levar para a Eternidade somente aquilo que se tornou digno de imortalidade, isto é, somente o aroma da flor que foi ceifada pela morte"[31].

Dessa forma, a vida poderia ser vista como um processo de ingestão de "alimentos", as experiências vividas no mundo físico (η), e após a morte ocorreria a "digestão" dessas experiências que nutririam o que o apóstolo Paulo chama de alma(D), ou mais especificamente o corpo causal(D3), o *Kārana Sharīra* dos hindus.

Assim como no processo digestivo a maior parte do alimento é devolvida ao exterior e só o nutriente permanece, da mesma forma só os sentimentos e conhecimentos nobres podem nutrir o corpo causal[(D3)], sendo todo o mal expelido. Por isso esse corpo mental superior[(D3)] nunca é penetrado pelo mal, embora ele possa parecer "fraco", por falta de nutrientes, para orientar a personalidade mortal[(E)], que é a sua "vestimenta", na direção do bem. Por essa razão, a única maneira de vencer o mal é nutrindo o bem, porque este se imortaliza, impedindo que o mal retorne.

Infelizmente, a maior parte das nossas vidas é tão pobre em nutrientes espirituais significativos que é geralmente pequeno o crescimento do corpo causal[(D3)] proveniente deles. E, "até que todos nós cheguemos (...) à medida da estatura completa de Cristo"[32], citando Paulo mais uma vez, faz-se necessário que acumulemos mais "tesouros no céu"[33], ou seja, mais nutrientes para o corpo causal[(D3)]. Por isso os hindus chamam de *Trishnā,* e os budistas de *Tanhā* à fome ou sede por experiências, que ressurge quando a "digestão" cessa. A consciência[(C)], através do corpo causal[(D3)], de acordo com a tradição egípcia, projetar-se-ia, então, para fora do *Amenti* pela "porta de saída", chamada *Amh.* Aqui os egípcios costumavam usar "o símbolo do curso do Sol, que representa a senda do Iniciado... (que) depois de passar por uma simulada morte no Ocidente, descobre o segredo da renovação da vida, e volta a sair no Oriente e ascender outra vez ao meio do céu"[34].

A mesma ideia é também representada na Tradição dos Mistérios pela nova primavera que surge após o inverno, trazendo os novos brotos. Dessa forma, a vida, que estava oculta no caule e na raiz, preparando a nova seiva durante o inverno, manifesta-se visivelmente mais uma vez, quando na primavera novas folhas e flores vêm ao mundo e nos alegram: a árvore parece renascer!

Diz a tradição hindu:

> "Como um homem, despojando-se de suas vestimentas velhas, toma outras novas, assim o morador do corpo, despojando-se dos corpos gastos, entra em outros que são novos"[35].

A isso ela chama "o girar da Roda do *Samsāra"* – o ciclo da vida e da morte – ao qual o homem permanece ligado enquanto *Trishnā* – a sede de experiências pessoais – perdurar.

Na verdade, enquanto o Eu Superior[(D)] ainda apresenta essa sede por experiências no mundo físico (η), torna-se evidente que ainda não terminou a sua aprendizagem quanto à transitoriedade das satisfações que os desejos pessoais, referentes a este mundo(η), podem oferecer. Existem ainda ilusões, fantasias ou deformações na percepção das reais condições da vida humana no plano físico(η), de modo que essas ilusões, que constituem a sede por experiências, o trarão de volta compulsoriamente.

Jesus comparava a satisfação dos desejos pessoais à água comum, quando dizia:

> "Qualquer que beber dessa água tornará a ter sede; mas aquele que beber da água que eu lhe der nunca mais terá sede, pois a água que eu lhe der será nele uma fonte d'água brotando para a vida eterna"[36].

A essa vida os budistas chamam de Nirvana e os hindus de *Mukti* – a Libertação. O homem, então, ficaria livre da Roda do *Samsāra,* fechando assim o ciclo da vida e da morte, que seria uma das manifestações da lei de periodicidade.

A Sra. Blavatsky, na segunda proposição do proêmio de *A Doutrina Secreta,* já comentava sobre "a universalidade absoluta daquela lei de periodicidade, de fluxo e refluxo, de crescimento e decadência, que a Ciência física tem observado e registrado em todos os departamentos da Natureza. Alternativas tais como Dia e Noite, Vida e Morte, Sono e Vigília são fatos tão comuns, tão perfeitamente universais e sem exceção, que será fácil compreender por que divisamos nelas uma das leis absolutamente fundamentais do Universo"[37].

Pelas seguintes passagens do Evangelho, percebe-se que os discípulos de Jesus também conheciam a doutrina da reencarnação:

> "E, chegando Jesus às partes de Cesareia de Filipo, interrogou os seus discípulos, dizendo: Quem dizem os homens ser o Filho do Homem? E eles disseram: Uns João Batista, outros Elias, e outros Jeremias ou um dos profetas"[38]. "E, passando Jesus, viu um homem que era cego de nascença. E os seus discípulos lhe perguntaram, dizendo: Mestre, quem pecou, esse homem ou seus pais, para que ele nascesse cego? Jesus respondeu: Nem esse homem pecou

nem seus pais; mas foi para que as obras de Deus fossem manifestas nele"[39].

Uma análise completa da resposta de Jesus exigiria um estudo prévio da lei de ação e reação, ou lei do *karma* como os hindus e os budistas a chamam, bem como da perda da memória no processo da reencarnação, que é devida à troca dos corpos da personalidade[(E)]; conforme estudaremos melhor no próximo capítulo, mas, obviamente, a personalidade[(E)] atual do cego é diferente da personalidade[(E)] anterior que teria pecado. Comparemos essa passagem com o seguinte diálogo budista:

" Nagasena, aquele que renasce é o mesmo, ou um outro?
– Nem o mesmo, nem um outro.
– Dá-me uma comparação.
– Quando eras criança, *maharaja*, uma tenra criança deitada sobre o dorso, eras o mesmo de hoje?
– Não, Venerável, eu era outro.
– Sendo assim, não tens nem pai, nem mãe, nem preceptor! Tu não te formaste nas artes, na virtude, na sabedoria! Haverá, então, uma mãe nova para cada novo estado do embrião, uma mãe para a pequena criança e outra para o homem feito? Um é aquele que se instruiu, outro aquele que se tornou instruído! Um o autor de um crime, outro aquele que recebe o castigo. (?)
– Não, por certo, Venerável, e tu que me dizes? (...)
– Quando o leite transforma-se em coalhada, manteiga ou queijo, pode-se dizer que o leite fresco é o mesmo que o leite coalhado, manteiga ou queijo?
– Não, mas todos procedem dele.
– A mesma coisa ocorre com o encadeamento dos *karmas*"[40].

Dessa forma, só a Tríade Superior[(D)] é imortal, sendo os quatro corpos (E1, E2, E3, E4) do quaternário inferior[(E)] substituídos a cada reencarnação. A discussão sobre o encadeamento dos *karmas* será, também, assunto do próximo capítulo.

Talvez a mencionada analogia da folha e da seiva possa ajudar a perceber que as doutrinas reencarnacionista e não reencarnacionista possam, na verdade, ser complementares. Poderia ser verdadeiro afirmar que do ponto de vista de uma folha, considerada como um corpo, a vida é uma só. Ela nasce na primavera e morre no outono, mas a essência útil do seu labor pode imortalizar-se como seiva na árvore, depois de um processo semelhante à "digestão e purgação", predominantemente no inverno, onde a planta assimila o nutriente e expele o excedente. Assim também a alma, após a morte do corpo físico, iria nutrir-se do bem e purgar-se do mal daquela vida recém-terminada.

Por outro lado, poderia ser igualmente verdadeiro afirmar que do ponto de vista da seiva, ocorre um periódico reingresso em novas folhas a cada nova primavera, ocorrendo assim um reprocessamento progressivo e cumulativo da essência útil do labor de todas as folhas anteriores, que nunca serão totalmente idênticas às suas sucessoras, mas expressam um processo de amadurecimento evolutivo daquela árvore.

Uma meditação nesta analogia poderá evidenciar que esses dois fatos da Natureza, ou seja, que a vida da folha é uma só, mas que a circulação da seiva é contínua e não afetada pela queda das folhas, são compatíveis e simultâneos, tais como, por analogia, as doutrinas não reencarnacionista e reencarnacionista podem ser ambas verdadeiras, embora expressando diferentes pontos de vista da verdade.

Vê-se, assim, que não há, necessariamente, incompatibilidade entre a doutrina reencarnacionista e a não reencarnacionista, mas apenas diferentes pontos de vista, pois, se por alma entendermos a alma pessoal ou corpo espiritual[(E1+E2)], conforme consideramos no capítulo anterior, então é correto afirmar que, como no caso da folha, a vida pessoal é uma só, que a alma surge ou é criada no momento da concepção, porque só então todos os seus quatro veículos estão manifestos[(E1, E2, E3, E4)]. Também é verdade que a alma pessoal ou corpo espiritual[(E1+E2)] pode imortalizar-se, em essência, "no céu" [corpo causal[(D3)]], assimilada pela tríade imortal[(D)], ou pode dissolver-se para sempre, não propriamente "no inferno eterno", mas no plano astral (ζ), no raro caso em que, após toda uma vida, nenhuma essência espiritual útil pudesse ser extraída daquele quaternário[(E)]. Existiria também o caso intermediário mais comum, em que parte do quaternário[(E)] seria "purgado" pelo "processo digestivo" do "purgatório", enquanto a essência útil das experiências daquela vida imortalizar-se-iam ao serem assimiladas pela tríade imortal(D), no corpo causal(D3).

Por outro lado, se por alma entendermos a tríade imortal(D), então também é correto afirmar que, como no caso da seiva, a alma reencarna, embora apenas uma parte dela se projete em cada novo quaternário(E) mortal, e que a alma cresce ao longo de diversas vidas, acumulando a essência das experiências assimiladas, até atingir a plenitude de suas potencialidades divinas de modo a cessar para sempre a sede por novas experiências no mundo do transitório, que a fazia reencarnar ciclicamente. Só então o homem atinge "a medida completa da estatura do Cristo"[41].

Talvez seja oportuno mencionar que um dos mais importantes elos de ligação entre a tradição judaica (Velho Testamento) e a tradição cristã (Novo Testamento) seja a da profecia do Advento do Messias, que está relacionada à doutrina da reencarnação. Havia uma profecia, em várias passagens do Velho Testamento (Isaías XL.3; XLV.2, etc.), de que viria um Messias para salvar o povo de Israel, mas que antes deveria retornar o profeta Elias, para preparar o caminho do Messias:
"Eis que vos enviarei Elias, o profeta, antes que chegue o Dia do Senhor"(*Malaquias* III; 23 ou IV; 5). Portanto, talvez, entre várias passagens (*Lucas* I; 17; III; 14; *Mateus* III; 3; XVII; 10-13; *Marcos* I; 3, etc.), a mais clara sobre esta doutrina em toda a Bíblia, quando Jesus Cristo confirma a reencarnação da alma(D) do profeta Elias na nova personalidade(E) de João Batista, seja a seguinte: "Porque todos os profetas e a lei profetizaram até João. E, se quereis dar crédito, é este o Elias que havia de vir. Quem tem ouvidos para ouvir ouça"[42].

Neste contexto, parece interessante considerar que talvez a decisão humana mais polêmica da história do Cristianismo, pelo menos quanto às suas consequências até hoje, tenha ocorrido no dia 05 de maio de 553 d.C., quando um grupo de homens da Igreja, no Concílio Constantinopla II, condenou como herética a teoria da preexistência da alma do Padre Orígenes. O Papa Vigílio preferiu nem comparecer, alegando estar doente, pois o Concílio foi convocado pelo Imperador Justiniano, que, por sua vez, foi pressionado por sua esposa, a fervorosa monofisita Imperatriz Teodora, num exemplo clássico de cesaropapismo: regime em que os Cesares de

Roma pretendiam exercer controle sobre o poder espiritual da Igreja, conforme relata Leo Donald Davis, S.J.[43].

Na verdade, as lutas pelo poder eram terríveis nesta época obscura da história medieval e, portanto, posterior à queda do Império Romano na mão dos bárbaros. Basta mencionar alguns precedentes extraordinários, numa versão branda. O Papa anterior a Vigílio, o Papa Silvério, por manter-se fiel às decisões do Concílio de Calcedônia (451 d.C.) que foram contrárias ao monofisimo [doutrina que negava o aspecto humano de Jesus, sustentando exclusivamente sua natureza divina] e, desta forma, não cooperando com o Imperador, foi envolvido em uma trama, sendo finalmente deposto. Foi, então, enviado a um "exílio na ilha de Palmária, onde viria a morrer poucos meses depois de subnutrição"[44], conforme relata o historiador Eamon Duffy.

Ironicamente, apesar das impressionantes condições de pressão do Concílio Constantinopla II, suas decisões nem sequer tinham por alvo direto a doutrina da Reencarnação. Porém, lamentavelmente, ela foi indiretamente atingida pela condenação da doutrina da preexistência da alma, pois se para cada novo corpo, gerado pelos homens, Deus tiver que criar uma nova alma de modo a ocupá-lo, as almas antigas jamais poderiam reencarnar, uma vez que não encontrariam novos corpos livres para recebê-las. Obviamente, os novos corpos já estariam sempre ocupados pelas suas respectivas novas almas.

É, contudo, importante notar que, por pelo menos cinco séculos, as duas doutrinas, a reencarnacionista e a não reencarnacionista, conviveram livremente na história da Igreja, como se pode perceber pela própria data do Concílio. Isso talvez seja uma das evidências de que elas não são necessariamente incompatíveis ou mutuamente excludentes.

Em qualquer caso, porém, parece sábio desenvolver a virtude da tolerância, como encontra-se em *Aos Pés do Mestre*: "Deves sentir perfeita tolerância por todos e um sincero interesse pelas crenças daqueles de outra religião, tanto quanto pela tua própria. Porque a religião dos outros é um caminho para o Supremo, da mesma forma que a tua. E para auxiliar a todos deves a todos compreender"[45].

APÊNDICE DO CAPÍTULO IV

O CICLO DA VIDA E DA MORTE NAS DIVERSAS TRADIÇÕES

"Tal como o homem que, despojando-se de suas vestimentas velhas, toma outras novas, de igual modo *o morador do corpo, despojando-se dos corpos gastos, entra em outros que são novos."*

Bhagavad-Gitā (II; 22)
Tradição Hindu

"Muitos nascimentos atravessei no ciclo das vidas e das mortes"; em vão procurei o arquiteto da casa (da vida e da morte). Que miséria *nascer e renascer* sem fim!

"Conheço-te agora, ó arquiteto (desejos), e não mais construirás a casa. Quebradas estão as vigas (paixões) e desabou a cumeeira (destruída a ignorância). Livre está a minha mente, pois cheguei à extinção dos desejos, ao imortal Nirvana."

Iluminação de Buddha
Dhammapada (153-154)
Tradição Budista

"Eu era um menino bom, dotado de uma boa alma, *ou antes, como era bom, vim para um corpo* sem mácula."

Bíblia Sagrada (*Sabedoria* VIII; 19-20)
Tradição Judaica

"Essa é a palavra da virgem Láquesis (que cantava as coisas passadas; cfe. § 617c, p. 388), filha da Necessidade. Almas efêmeras, eis que começa para vós *um novo ciclo de vida mortal.* Não é o fado que vos escolhe, e sim vós que escolheis o vosso fado. Que o primeiro indicado pelo sorteio seja o primeiro a eleger o seu gênero de vida, ao qual ficará inexoravelmente unido. A virtude é livre; cada um participará mais ou menos dela conforme a estima ou o menosprezo em que a tiver. A responsabilidade é de quem escolhe: Deus está inocente nisso."

A República de Platão (§ 617e, p. 388)
Tradição Grega

"E os seus discípulos o interrogaram dizendo: Por que dizem então os escribas que é mister que Elias [alusão ao profeta judeu do século IX a.C. que teria sido levado ao céu por um carro de fogo para *retornar,* mais tarde, como precursor do Messias – Tradição Judaica] venha primeiro? [Alusão à profecia de Malaquias: "Eis que eu vos envio o profeta Elias, antes que venha o dia grande e terrível do Senhor." – *Malaquias* IV; 5]

"E Jesus, respondendo, disse-lhes: *"Em verdade Elias virá primeiro,* e restaurará todas as coisas [Jesus confirma a profecia];

"Mas digo-vos que Elias já veio, e não o conheceram, mas fizeram-lhe tudo o que quiseram. Assim farão eles também padecer o Filho do Homem.

"Então entenderam os discípulos que ele lhes falara de João Batista." [Jesus confirma isso falando sobre ele assim: "*E, se quereis dar crédito, é este o Elias que havia de vir. Quem tem ouvidos para ouvir, ouça.*" – *Mateus* – XI; 14-15]

Bíblia (*Mateus* XVII; 10-13)
Tradição Cristã

"Deus gera seres e os *envia de volta nova e novamente,* até que eles retornem a Ele." *Alcorão* (XXX; 10)

Tradição Maometana

QUESTÕES PARA ESTUDO DIRIGIDO:

1) O que é o fenômeno da recapitulação e quando ele ocorre?
2) Como seria a "digestão" das experiências nos planos astral e mental?
3) Por que geralmente o crescimento do corpo causal é lento?
4) O que *tanhā* causa?
5) O que são a "Roda do *Samsāra"* e *Mukti?*
6) Há, necessariamente, incompatibilidade entre a doutrina da encarnação única e a da reencarnação?

BIBLIOGRAFIA RECOMENDADA:

HODSON, Geoffrey. *Através do Portal da Morte.* Rio de Janeiro, Grupo Annie Besant, *(1985).* 55 p.

_________ *É a Reencarnação uma Verdade?* Rio de Janeiro, Grupo Annie Besant, 1985.71 p.

COOPER, Irving S. *Reencarnação;* A Esperança do Universo. São Paulo, Difel, 1981.

LEADBEATER, C. W. *O Plano Astral.* São Paulo, Pensamento, 1976.

_____. *0 Plano Mental.* São Paulo, Pensamento, 1979.

SUTHERLAND, Cherie. *Dentro da Luz.* Brasília, Ed. Teosófica, 1998. 250 p.

LEADBEATER, C. W. *A Vida Interna.* Brasília, Ed. Teosófica, 1996.

JINARAJADASA, C. *Fundamentos de Teosofia.* São Paulo, Pensamento, 2004.

REFERÊNCIAS BIBLIOGRÁFICAS:

1) *Eclesiastes* I; 5-7

2) *Eclesiastes* I; 4

3) SILVA, Georges da & HOMENKO, Rita. *Budismo:* Psicologia do Autoconhecimento. São Paulo, Pensamento, p. 227.

4) DHAMMAPADA. Trad. Georges da Silva. São Paulo, Pensamento, 1978, p. 24. (af. 41)

5) TSÉ, Lao. *Tao Té Ching,* O Livro do Caminho Perfeito. Trad. Murillo Nunes de Azevedo. Rio de Janeiro, Civilização Brasileira, 1975, p. 143.

6) MAHARSHI, Ramana. *Quem Sou Eu?* Porto Alegre, Fundo Editorial Alvorada, p. 5.

7) *Eclesiastes* XII; 6-7

8) HODSON, Geoffrey. *Basic Theosophy.* Madras, The Theosophical Publishing House, 1981, p. 47-8.

9) Ibidem, p. 48.

10) Ibidem, p. 48.

11) Ibidem, p. 48.

12) _________. *Through the Gateway of Death.* Madras, The Theosophical Publishing House, 1976, p. 8.

13) Ibidem, p. 8.

14) MOODY JR., Raymond A. *Vida Depois* da *Vida.* Rio de Janeiro, Nórdica, 1983, p. 72.

15) Ibidem, p. 72-3.

16) Ibidem, p. 72.

17) Ibidem, p. 53.

18) Ibidem, p. 52.

19) Ibidem, p. 54.

20) HODSON, *op. cit.* acima nota (12), p. 6.

21) Ibidem, p. 9.

22) THE MAHATMA Letters to A. P. Sinnett. Madras, The Theosophical Publishing House, 1972, p. 167.

23) HODSON, *op. cit.* acima nota (12), p. 9.

24) BLAVATSKY, H. P. *A Doutrina Secreta.* São Paulo, Pensamento, 1980, v. 5, p. 282.

25) LEADBEATER, C. W. *Pequena História da Maçonaria.* São Paulo, Pensamento, 1978, p. 117.

26) _________. *A Mônada.* São Paulo, Pensamento, 1991. p. 26.

27) _________. *Compêndio de Teosofia.* São Paulo, Pensamento, p. 54.

28) HODSON, *op. cit.* acima nota (12), p. 27.

29) LEADBEATER, *op. cit.* acima nota (26), p. 26.

30) Ibidem, p. 27.

31) BLAVATSKY, H. P. *The Key to Theosophy (A Chave para a Teosofia).* Trad. do original inglês confrontada com a versão portuguesa. (Brasília, Ed. Teosófica, 1990). London, Theosophical Publishing House London LTD, p. 166.

32) *Efésios* IV;13.

33) *Mateus* VI; 20.

34) LEADBEATER, C. W. *A Vida Oculta na Maçonaria.* São Paulo, Pensamento, 1977, p. 197.

35) THE BHAGAVAD Gitā. Trad. Annie Besant. Brasília, Ed. Teosófica, 2010, p. 56.(af. II; 22)

36) *João* IV; 13-14.

37) BLAVATSKY, *op. cit.* acima nota (24), v. 1, p. 84.

38) *Mateus* XVI; 13-14.

39) *João* IX; 1-3.

40) SILVA, *op. cit.* acima nota (3), p. 63.

41) *Efésios,* IV; 13.

42) *Mateus* XI; 13-15.

43) DAVIS, Leo Donald. S.J. *The First Seven Ecumenical Councils (325-787)*; Their History and Theology. Collegeville, USA, The Liturgical Press, 1990. p. 207-56.

44)DUFFY, Eamon. *Santos e Pecadores*: História dos Papas. São Paulo, Cosac & Naify, 1998. p. 43.

45) KRISHNAMURTI, Jiddu. *Aos Pés do Mestre*. Brasília, Ed. Teosófica, 1999. p. 64-5. (§40)

Responsável por este capítulo: Ricardo Lindemann

V

A LEI DE AÇÃO E REAÇÃO

Quem de nós, quando criança, não jogou uma pedra num lago para "fazer ondinhas"? Essas ondas, bem como todo Universo, têm seus movimentos regidos por leis imutáveis.

Quando uma criança empurra seu caminhãozinho, ou quando nós empurramos qualquer coisa leve, o deslocamento dessa coisa evidencia a ação que foi exercida.

Quando uma pessoa de patins se desloca ao empurrar uma geladeira pesada, fica evidenciada a reação do empurrão exercido. Entretanto, sempre que houver uma ação, haverá uma reação, mas os efeitos poderão ficar ocultados, por exemplo, pelo atrito com o solo, que é proporcional ao peso. Se colocarmos rodinhas na geladeira, veremos esta se deslocar pela ação e o patinador, pela reação. Então, tanto a ação quanto a reação estarão evidenciadas.

Foi Sir Isaac Newton, o grande físico, quem enunciou pela primeira vez, em 1682, a lei de ação e reação:

> "A toda ação corresponde uma reação igual e em sentido contrário"[1].

Dessa forma, Newton conquistou para a humanidade uma lei que de tal maneira abrange todo o Universo que não devemos ficar surpresos por ela ser considerada um dos princípios fundamentais da Física.

Na verdade, uma das coisas mais intrigantes da vida humana é o contraste entre a perfeição das leis que governam todo o Universo e o caos em que parece desenrolar-se a vida humana. Saúde e doença, riqueza e miséria, nascimento e morte, parecem tão acidentais ou decorrentes do mero acaso, que se torna difícil encontrar qualquer sentido na vida humana.

Recentemente alguns campos da Medicina têm começado a considerar mais de perto a influência do pensamento sobre a saúde física. É o campo da medicina psicossomática.

Como diz o Psiquiatra Luiz Chiozza, Professor de Psicologia na Universidade de Salvador, em Buenos Aires:

> "Hoje em dia suspeita-se que todas as doenças têm ligações profundas com o lado emocional"[2]. "Estudando o enfermo e a enfermidade chega-se à conclusão de que sempre o tipo de doença tem ligação com um determinado caráter psicológico. Então, a emoção que beneficia o surgimento do infarto do miocárdio sempre será diferente do fator emocional que conduz ao câncer"[3].

Sem dúvida, é difícil comparar tais afirmações com as da Medicina do século passado. A própria Ciência nos dá conhecimento suficiente para verificarmos uma conexão lógica entre o pensamento, a emoção e a doença.

Vimos no capítulo I como o pensamento e a emoção tendem a gerar hábito, porque cada tipo de pensamento, por exemplo, estimula um certo grupo de neurônios cerebrais. Dessa forma, aquela região do cérebro, pelo uso, torna-se gradualmente um campo mais fácil para expressar o pensamento. Cria-se a tendência de seguir esse caminho mais fácil por costume. Isso é o hábito.

Como é o cérebro que comanda o corpo físico[(E4)], torna-se fácil perceber que certos estímulos mentais e emocionais acabarão, pela sua constante repetição, por influenciar certos órgãos do corpo físico, produzindo certa sobrecarga. Essa sobrecarga torna o órgão mais vulnerável à influência de microorganismos.

Diz Chiozza:

> "Não se adoece de tuberculose só por causa dos micróbios"[4]. "Os micróbios atacaram este enfermo porque um conjunto de fatores, entre os quais invariavelmente o fator emocional, favoreceram este ataque. Um familiar deste enfermo pode ter morrido na época que o micróbio atacou, por exemplo"[5].

Dessa forma, poder-se-ia admitir, também na saúde, uma certa relação de ação e reação. Certa ação desequilibrante da emoção, gerando certa reação de desequilíbrio no corpo físico[(E4)], ou seja, uma doença.

Um oriental provavelmente diria que as doenças de uma pessoa são devidas ao seu *karma.* Essa palavra sânscrita significa ação, mas ela é frequentemente usada referindo-se à reação de uma ação realizada, o efeito de uma ação anterior.

Aos ocidentais poderia parecer curioso que se use no Oriente a mesma palavra tanto para ação quanto para a correspondente reação. Por outro lado, esse fato é muito mais interessante do que poderia parecer e significa pelo menos duas coisas.

Primeiramente, indica que os hindus conheciam a lei de ação e reação desde os primórdios de sua civilização, pois ao denominar tanto a ação quanto a reação pela mesma palavra fica implícito que a ação e sua correspondente reação eram consideradas como inseparáveis, como partes de um só movimento, um só processo, uma só lei: a lei do *karma*, ou lei de causa e efeito.

Em segundo lugar, ao identificar a causa com o seu efeito, de certa forma está sendo desconsiderado o tempo que poderia transcorrer entre a primeira e a segunda. O que isso significa?

Os orientais geralmente usam o exemplo de uma pedra que cai em um determinado ponto de um lago tranquilo, produzindo assim ondas circulares concêntricas na superfície que se deslocam até a margem, onde sofrem um processo de reflexão, retornando então ao ponto de origem. Temos assim o agente – a pedra – que perturbou a harmonia do lago – o Universo – gerando ondas que afetam todo o lago, todos os seres nele contidos, e que acabarão por retornar sobre o ponto de origem – o agente – para que o lago mantenha sua unidade, restabelecendo seu equilíbrio. Caso não houvesse tal reação à perturbação, o lago "rachar-se-ia em pedaços", como se o imaginássemos congelado, o que descaracterizaria nosso exemplo e implicaria que o Universo perderia a sua unidade. Ora, sabe-se hoje pela Física que o Universo poderia ser considerado como um oceano de energia, e o próprio Albert Einstein investigava a teoria do campo unificado, o que caracteriza perfeitamente o exemplo citado de unidade do Universo.

Em verdade, o *karma* não é propriamente uma lei espiritual no contexto da Filosofia hindu. A escola *Sāmkhya,* por exemplo, considera-o atuando no reino de *Prakriti,* ou seja, da matéria, do tempo e das coisas mutáveis, e não no reino de *Purusha,* ou espírito[C]. Todavia, devemos lembrar que *Prakriti* também abrange níveis de matéria mais sutis que o gás, na verdade quase a totalidade dos cinco planos (γ, δ, ε, ζ, η) mais densos na concepção hindu, de modo que engloba também as emoções e os pensamentos, ou seja, a psique[(E1+E2)].

É interessante, pois, notar que uma análise mais detalhada da forma como a própria matéria é regida pelas três leis da mecânica clássica de Newton, apresenta-nos a expressão do *karma* na matéria física, justamente porque *o karma* é verdadeiramente material. Seria, portanto, de certa forma, errôneo considerá-lo no sentido estrito, como lei espiritual, porque ele associa causa e efeito no tempo, no reino material da mudança e sucessão. Contudo, ele expressa, mesmo na matéria física, algo daquela unidade indiferenciada do oceano de Luz espiritual. Dessa forma, a lei do *karma* pode ser considerada como uma lei de harmonia que preserva essa unidade do Universo. Entretanto, persiste o problema do tempo entre a causa e o efeito, visto que dependendo da distância entre o ponto onde a pedra cai e a margem resultarão diferentes tempos de retorno da onda refletida ao ponto de origem do processo. Como então entender a ideia hindu da simultaneidade da causa e do efeito?

O pensamento hindu considera que o Universo é uma unidade porque todas as suas partes provém de uma mesma fonte: *Brahman*[(A)]. Consideram poeticamente o Universo, por ser transitório e periódico, como "um sonho" de *Brahman*[(A)], ou melhor, como uma projeção de um de seus aspectos, *Mahat*[(B3)], a Mente Universal, de onde decorreriam todas as leis que o geram e regulam sua harmonia. Eles entendem que se a Mente Universal não mantivesse sua atenção nesse "sonho" que seria o Universo, ele se desfaria instantaneamente, tal qual a imagem de um quadro, que um artista ainda está planejando, desaparece de sua mente no mesmo instante em que ele deixa de pensar nela. Nesse sentido, a Sua atenção estaria em cada átomo, ou seja, como que uma lei onipresente e permanentemente ativa na manifestação.

Tal pensamento é muito semelhante ao do eminente físico Albert Einstein:

> "Eu creio em Deus... que se revela na harmonia ordenada do Universo. Eu creio que a Inteligência está manifestada em toda a Na-

tureza. A base do trabalho científico é a convicção de que o mundo é uma entidade ordenada e compreensível e não uma coisa ao Acaso"[6].

Seja como for, a concepção cosmogônica hindu é, em síntese, que o Universo é formado de "dentro" para "fora", ou seja, da Mente Universal, *Mahat*[(B3)], para a matéria física e, como já vimos no capítulo III, a matéria física seria como que uma "condensação" do espírito. Dessa forma, embora no mundo (β) da consciência[(C)], a causa e o efeito sejam simultâneos, certo tempo se faz necessário para que o efeito se plasme na matéria física (η), devido à própria inércia natural que a caracteriza. Dizia um antigo ditado:

> "As ideias governam o mundo"[7].

Em verdade, nem mesmo um movimento físico dos mais simples, como o caminhar, pode ocorrer sem o comando do cérebro. Visto que o cérebro físico é o centro físico do pensar, é possível deduzir que as ideias, as maneiras de pensar, governam o mundo. Tudo isso fica claro quando percebemos como o pensamento tende a gerar hábitos mentais e estes, por sua vez, hábitos físicos. Assim como o pensamento pode gerar doenças físicas, ele tende, ao longo do tempo, a sobrepor-se ao exterior, a impor-se sobre a matéria física. Por um processo semelhante, o inconsciente tende a pressionar o consciente até a sua objetivação. Diz o *Dhammapada,* a mais divulgada escritura budista, em seu primeiro versículo:

> "Todas as coisas são precedidas pela mente, guiadas pela mente e criadas pela mente. Tudo o que somos hoje é resultado do que temos pensado. O que pensamos hoje é o que seremos amanhã; nossa vida é uma canção de nossa mente. Se um homem fala ou age com uma mente impura, o sofrimento o acompanha tão de perto como a roda segue a pata do boi que puxa o carro"[8].

E continua no segundo versículo assim:

> "Tudo o que somos hoje é o resultado do que temos pensado. Se um homem fala ou age com a mente pura, a felicidade o acompanha como sua sombra inseparável"[9].

Entretanto, enquanto no mundo do pensamento (ε) os resultados são mais imediatos, até esse efeito chegar à matéria física (η), o *Dhammapada* afirma que certo tempo seria necessário:

> "Enquanto a má ação está verde, o perverso nela se satisfaz; mas, uma vez amadurecida, ela lhe traz frutos amargos. O homem pode passar por sofrimentos enquanto suas boas ações não amadurecem. Mas, uma vez amadurecidas, seus frutos trazem felicidade"[10].

Esse é, em síntese e, portanto, algo simplificadamente, o conceito oriental de *karma:* a lei de ação e reação. Entretanto, vale salientar que "basicamente, essa lei de ajuste não tem atributos; ela não é boa nem má, não é agradável nem desagradável; ela age tão mecânica e automaticamente como qualquer outra lei da natureza"[11].

Outro ponto a ressaltar é que o desejo (*kāma*) cria vínculos.

> "Atraímos para nós tudo quanto desejamos, e o desejo de possuir o objeto ata um laço entre o objeto e o desejador. Atamos ao Eu aquela porção do Não-Eu (i.e., exteriores ao Eu, N.T.), e o laço existe até que possuamos o objeto ou até que o Eu rompa o laço e repudie o objeto. Tais são os 'laços do coração' que atam ao Eu a Roda de nascimentos e mortes"[12]. "O gancho do desejo se crava em um objeto como o arpão na baleia. Quando o desejo crava seu arpão em um objeto, o Eu adere-se a ele, apropria-se dele primeiro em vontade e logo em ação"[13]. "A coisa desejada é assimilada ao corpo (sutil, N.T.) do Eu e, se é má, devemos eliminá-la custe o que custar"[14].

As considerações acima foram tecidas a respeito do sentido de atração do desejo, mas há também o desejo de repulsão, que também cria vínculos. Como disse um *Mahātmā*:

> "O amor e o ódio são os únicos sentimentos imortais"[15].

Consideremos que um certo indivíduo A, devido a um ódio profundo, assassinasse o indivíduo B. Isso evidentemente criaria um profundo vínculo *kármico* pelo ódio. Entretanto, assim como ao empurrarmos a geladeira surge uma reação tal que aquela geladeira nos "empurra" e não ao lustre ou à porta, da mesma forma se A assassinou B, então terá que ocorrer um ajuste entre B e A. Entretanto, B já está morto, como, então, resolver a questão? Assim, nesse pequeno exemplo podemos ver que "o *karma* cria a necessidade da reencarnação, e esta reencarnação provê o espaço e a possibilidade para o cumprimento ou a quitação do *karma*"[16]. Ao que tudo parece indicar só há duas possibilidades de ajuste *kármico* no exemplo considerado. Caso B guarde ressentimento, surge a triste possibilidade de que ele mate A numa encarnação seguinte. Essa atitude maléfica aumentaria o ódio recíproco, criando assim um vínculo de inimizade que aproximaria cada vez mais a ambos. Caso B perdoasse a A, ou talvez havendo sincero arrependimento de A, surgiria, em uma encarnação posterior, a oportunidade de A dar a vida por B em um ato heróico, ajustando assim a questão pelo amor. Eis a única maneira de não deixar resíduo negativo, por isso diz o *Dhammapada:*

> "O ódio jamais é vencido pelo ódio. O ódio só se extingue com o amor; esta é uma lei eterna"[17].

Considera-se que seria assim justamente porque haveria uma unidade subjacente no universo, que seria extensível a todos os seres que nele vivem.

Outro ponto interessante a considerar é que nem só as ações que nós executamos reagem sobre nós, embora essas gerem um *karma* muito mais intenso, mas em algum grau também se é afetado pela cumplicidade, ou pela ação que induzimos outro a fazer. Mesmo nossas omissões, ou seja, quando consentimos que outros façam o mal omitindo nossa ajuda à vítima ou sendo indiferentes a um crime que testemunhamos, no qual por simples humanidade deveríamos ter interferido, nisso também algum *karma* é gerado. Por isso, dizia o Buddha:

> "Inação em um ato de misericórdia é ação em um pecado mortal"[18].

Também é válido lembrar que a tradição oculta considera o pensamento e a emoção como entes materiais, embora de matéria sutil, capazes de influenciar os outros à distância. Portanto, se um certo indivíduo C tem um acesso de ódio que produz uma forma-pensamento que atinge a aura do indivíduo A, e que pode ser "a gota d'água" que faltava para que A também tenha um acesso de ódio, justo no momento em que A estava discutindo com B e pensando em matá-lo e o faz; desta forma, C cria um certo laço *kármico* com A e B na proporção de sua contribuição ao crime.

> "Forjam-se assim laços que, em vidas ulteriores, vão atrair à mesma agremiação certas pessoas, ou para o bem ou para o mal, laços estes que formam os nossos parentescos, os nossos amigos e inimigos, colocando em nosso caminho os que são destinados a ajudar-nos ou a nos dificultar, nossos benfeitores, ou aqueles que nos procuram prejudicar"[19].

Talvez agora possamos imaginar a complexa teia de laços *kármicos* em que estamos envolvidos, pois não somos responsáveis apenas pelas nossas ações diretas, mas também pelas ações de terceiros, possivelmente desconhecidos, que nossos pensamentos e emoções possam ter induzido.

Talvez o indivíduo C, de nosso exemplo, tenha suficiente força de vontade para conter sua ação violenta, mas se ele alimenta emoções de ódio, poderá vir a ser um contribuinte inconsciente na perpetração de um assassinato cometido pelo indivíduo A que não tinha suficiente força de vontade para resistir à influência invisível da emoção gerada por C.

Nesse sentido é correto afirmar que a sociedade é responsável pelos marginalizados nos presídios. Só um indivíduo que nunca sente ódio poderia afirmar que está isento de qualquer culpa na onda de violência que pesa sobre o mundo. Aliás, essas reações ou efeitos que surgem de ações grupais são o que se chama de *karma* coletivo, podendo envolver os membros de uma família, uma cidade, uma nação, ou mesmo o planeta como um todo.

Em verdade, um dos processos mais interessantes da lei do *karma* é o de como o *karma* coletivo interage com o *karma* individual, mas, para podermos considerar isso devidamente, teremos que aprofundar o estudo do *karma* individual.

É importante salientar que cada força opera em seu próprio plano. No plano físico (η), uma ação física gera uma reação física de maneira totalmente independente do motivo que a produziu. O motivo é uma força de natureza psicológica, de modo que seus efeitos se farão sentir no plano astral(ζ), caso os motivos sejam desejos egocêntricos, intensificando esses desejos, ou no plano mental(ε), caso a vontade do Eu interno seja a motivadora, nobilitando o caráter da pessoa, ou poderão ser mistos, como é mais comum.

> "Na verdade. os caminhos do *karma* são justos. O *karma* não recusa ao mau a exata recompensa duma ação benéfica; mas dá-lhe também o caráter aviltado que merece, por seus motivos perversos, de forma que, no meio de suas riquezas. permanece sombrio e descontente. O homem bom não escapará também do sofrimento físico se espalhar a miséria física por ações errôneas, embora procedentes dum bom motivo. A miséria que ocasionou lhe será devolvida, no futuro, pelo meio físico que o rodear; mas o seu motivo puro, enobrecendo o seu caráter, fará jorrar nele uma fonte de eterna felicidade, de forma que será paciente e sentir-se-á satisfeito no meio da própria desgraça. Inúmeros enigmas poderão ser resolvidos pela aplicação destes princípios aos fatores da vida corrente"[20].

Alerta-nos ainda a Dra. Annie Besant que, se alguém "for absolutamente escrupuloso quantos aos motivos, se afastar todas as considerações egoístas e purificar seu coração; se, em seguida, agir sem temor, mas se a ação se transformar num erro, aceitará pacientemente o sofrimento dele resultante como uma lição que mais tarde frutificará. Mas, entrementes, aquele motivo digno enobrecerá para sempre o seu caráter"[21]. Isso representa contentamento para a pessoa, porque a mente dela estará em paz. A felicidade vem de dentro, vem do Eu interno[D], mas só pode fluir quando a psique está em paz, sem desejos ou ansiedades. Por isso, muitos buscam satisfazer seus desejos egoístas, mas ao dar-lhes demasiada atenção acabam por intensificá-los. Dessa forma, quanto mais egoísta é uma pessoa, mais aviltado se torna o seu caráter, mais intensos ficam os seus desejos egocêntricos, mais vazia e insatisfeita ela se torna, querendo sempre mais e mais, independentemente de quanto já possua. Quanto menos caráter uma pessoa tem, tanto mais facilmente os seus desejos egoístas se intensificam, proliferam, entrando em contradição e conduzindo à ansiedade e insatisfação. Eis porque o *karma* acumulado torna-se o mais importante na felicidade do indivíduo: ele determina o nosso caráter pelas tendências resultantes da experiência acumulada, que sempre podem ser modificadas pelos nossos próprios esforços.

Para que compreendamos melhor essa ideia, seria importante lembrar que, como analisamos ao tratar do ciclo da vida e da morte, durante o período passado no "mundo-céu" (ε) ou *devachan,* "no encerramento do ciclo da vida, as experiências da última vida terrena são lentamente digeridas, e sua essência, sob a forma de faculdades, é transferida para a constituição do corpo causal e dele passa a fazer parte. A personalidade, por assim dizer, destila todas as suas experiências e, antes de se dissolver e desaparecer, passa o produto destilado, a essência valiosa de todas as experiências, ao Ego[D], ao 'pai' que lhe deu nascimento. Assim, em sua constituição, o Ego[D] incorpora todas as lições valiosas aprendidas na vida e começa cada nova vida com as experiências acumuladas nas anteriores."[22].

> "Isso explica porque, ao começar uma nova vida, com novos corpos físico[E4], astral[E2] e mental[E1], não temos memória das experiências passadas nas vidas anteriores, mas temos todas as vantagens dessas experiências sob a forma de faculdades e poderes desenvolvidos nessas vidas e corporificados no corpo causal[D3]"[23].

Essas faculdades e talentos diversos ficam particularmente evidenciados nos meninos-prodígio que parecem "nascer sabendo". E o Dr. Taimni acrescenta:

"A razão de não haver memória é que o novo corpo mental(E1) não passou por essas experiências e delas não tem arquivo. Foi o Ego(D) quem passou por todas essas experiências e retém a memória de todas as vidas passadas – memória que pode ser revivida por aqueles que estão aptos a elevar-se em consciência até seu nível, e então, trazer para o cérebro físico quadros mentais das vidas passadas"[24].

Os parapsicólogos têm coletado, em suas pesquisas, inúmeros casos de pessoas que, mesmo sem a citada aptidão, diziam lembrar de fragmentos de vidas passadas, alguns dos quais foram passíveis de verificação pela confrontação com a história e investigações nos respectivos locais. Alguns dos fatos historicamente comprováveis assim coletados não poderiam ter sido conhecidos pelos relatantes, particularmente nos casos de crianças pequenas que parecem mais propensas a essas lembranças.

Outro ponto a considerar é que:

> "O corpo causal(D3) serve como repositório não só da quintessência das experiências da personalidade(E) em diversas encarnações e das faculdades desenvolvidas através delas, mas também do bom e do mau *karma* que essas personalidades(E) tiverem criado durante essas encarnações. Estas permanecem como impressões ou sementes potenciais no corpo causal(D3) e, aos poucos, frutificam e determinam as condições das vidas futuras. Eis a razão de ser este veículo chamado de corpo causal(D3) [ou *karmāśaya* no *Yoga,* N.E.]. Desse estoque de *karma* uma certa quantidade é saldada e o resto adicionado a cada encarnação e uma espécie de conta corrente mantida através das vidas sucessivas das personalidades(E). Essa conta pessoal é encerrada somente no momento da Liberação depois de ter sido esgotado por completo o *karma* individual"[25].

Essa quantidade de *karma* que deverá ser saldada na encarnação atual da pessoa é chamada de *karma* maduro ou *prārabdha karma.* Foi considerado que as reações das ações, embora sejam simultâneas no plano da consciência(C), levam certo tempo para chegar ao mundo objetivo (η). Um clarividente genuíno seria capaz de ver essas forças "descendo" dos planos da consciência Egoica causal[(D3)] em direção ao físico (η) antes de elas se objetivarem; por isso ele seria capaz de prever o futuro, ou seja, essas reações que já estão tão próximas que sua eclosão é inevitável: esse é o *karma* maduro, só nos resta colhê-lo. De todo o *karma* acumulado (*sanchita karma*), somente uma porção pode ser quitada ao longo de uma mesma existência, pois há modalidades de *karma* incompatíveis entre si. Como vimos em nosso exemplo, "há dívidas contraídas para com outras almas; e todas estas almas não se encontram simultaneamente numa mesma encarnação"[26]. A família em que uma pessoa nasce, as condições de saúde, características genéticas e o sexo de seu corpo, os costumes do povo em que ela for educada, a condição social, os amigos ou inimigos que ela encontrará em seu meio, são alguns dos fatores determinados pelo *karma* maduro.

> "Há *karmas* que devem ser pagos em uma determinada nação ou em uma certa posição social, ao passo que o mesmo indivíduo tem outras dívidas que exigem um meio inteiramente diferente. Por isso, o homem apenas poderá saldar, numa determinada encarnação, uma porção de seu *karma* total"[27].

> "Há um outro gênero de *karma* maduro, que é de grande importância: o das ações inevitáveis. Toda a ação é a expressão final duma série de pensamentos"[28].

Dessa forma, se uma pessoa repete perseverantemente pensamentos do mesmo gênero, vai acumulando tal energia, semelhantemente a um balde que vai se enchendo gota a gota, de modo que chegará a um ponto em que um único pensamento será suficiente para fazer a ação eclodir, como se fosse a última gota d'água necessária para fazer o balde transbordar. "Um homem pode trazer consigo, ao nascer, algum *karma* maduro deste gênero, e a primeira vibração que entrar em contato com esse amontoado de pensamentos prestes a transformarem-se em atos bastará para precipitá-lo inconscientemente, sem repetir a volição, na execução do ato... 'Fi-lo sem pensar'– exclama, ignorando que pensou tantas vezes no ato que este se tornou inevitável"[29]. A maioria dos crimes passionais e muitos atos de heroísmo são dessa natureza. Sobre uma pessoa em tal situação, a Dra. Annie Besant acrescenta:

> "Enquanto lhe sobra tempo para pensar, sua escolha é livre, porque pode opor ao antigo pensamento um pensamento novo, destruindo gradualmente a tendência primitiva pela renovação constante de pensamentos contrários; mas se as primeiras vibrações da alma, em resposta a uma excitação, devem conduzir ao fato, então o poder da escolha não mais existe. É aqui que reside a solução do antigo problema da fatalidade e do livre-arbítrio: o homem, pelo exercício de seu livre-arbítrio, vai gradualmente criando fatalidades"[30].

Tenta-se esclarecer essa questão através de um exemplo. Suponhamos que um indivíduo esteja dormindo em uma canoa que está sendo livremente conduzida pela correnteza. Pergunta-se: o indivíduo cairá ou não na cachoeira que está logo adiante? Que previsão deveria ser feita neste caso? Não parece lógico nem razoável apostar no milagre, esperando que as águas fluam rio acima ou que a canoa suba a cachoeira como se fosse um foguete. Deve-se então prever que o indivíduo irá cachoeira abaixo com canoa e tudo?!

Já dizia a Dra. Annie Besant, Ex-Presidente Internacional da Sociedade Teosófica, que:

> "Poucas coisas, talvez, são tão perigosas como um pequeno conhecimento da lei do *karma.* E infelizmente muitos de nós paramos no ponto do pequeno conhecimento"[31].

Do ponto de vista estritamente científico, tudo o que se pode afirmar é que, de acordo com a Primeira Lei da Mecânica Clássica Newtoniana ou lei de inércia, se nada for feito em contrário, o indivíduo irá cachoeira abaixo, ou seja, esse seria o seu destino. Pois, conforme o enunciado desta lei, "qualquer corpo permanece em seu estado de repouso ou de movimento retilíneo uniforme, a menos que seja obrigado a modificar tal estado por forças aplicadas a ele"[32]. Porém existe sempre a possibilidade imprevisível de que o indivíduo desperte a tempo de seu sono profundo. Torna-se, então, até possível que ele tome uma atitude: faça alguma coisa em tempo! Por exemplo, ele pode pegar os remos e levar a canoa de volta para o porto, ou na falta destes poderá nadar até a margem etc. Em qualquer desses casos dir-se-ia, cientificamente, que foi introduzida pelo menos mais uma força no sistema. Teremos, assim, uma alteração no movimento inercial. O movimento resultante já não é mais previsível sem que se conheça quais as novas forças introduzidas no sistema e que resultante elas determinam. Passa, desta forma, a interessar-nos a Segunda Lei de Newton (F = m.a), que afirma "que a aceleração do corpo é diretamente proporcional à força resultante que atua nele, sua direção e sentido são os mesmos que os da força e que, para uma dada força, ela é inversamente proporcional à massa do corpo"[33].

Portanto, qualquer mudança num movimento de velocidade inercial depende da introdução de uma nova força, caso contrário tudo segue a lei de inércia. É justamente porque a maioria das pessoas é algo abúlica ou sem força de vontade que o seu destino lhes parece tão inevitável.

Mais sábio foi Platão em *A República,* quando comentava sobre a escolha das vidas ou do destino:

> "A responsabilidade é de quem escolhe": Deus[(B)] está inocente nisso"[34].

O "destino" do indivíduo, mencionado em nosso exemplo, é cair na cachoeira, mas ele pode mudar o seu destino, comparado ao movimento inercial, desde que introduza forças novas proporcionais à "massa" do problema. Há casos, porém, em que só é possível, na prática, minimizar o problema. Sobre isso diz a Dra. Annie Besant:

> "A ação vigorosa é sempre sábia. Não importa se ela parece não resolver, vocês terão diminuído o peso contra vocês. Cada esforço tem seu pleno resultado, e quão mais sábios vocês forem, melhor vocês podem pensar, desejar e agir. Se vocês olharem o *karma* dessa maneira, ele nunca os paralisará, mas sempre os inspirará. 'Mas', dirão vocês, 'há certas coisas, apesar de tudo, nas quais o destino é mais forte do que eu'. Vocês podem, algumas vezes, enganar o destino, quando não podem enfrentá-lo face a face. Quando navegando com ventos

contrários, o navegante não pode mudar o vento, mas pode mudar a direção das velas. A direção do navio depende da relação das velas com o vento, e, por meio de um bordejo cuidadoso, pode-se quase que navegar contra um vento adverso, e com um pequeno trabalho a mais chegar ao porto desejado. Isto é uma parábola a respeito do *karma.* Se você não pode mudar sua sorte, mude a si mesmo, e encontre-a num ângulo diferente, você irá deslizando com sucesso onde o fracasso parecia inevitável. '*Yoga* é habilidade na ação', e esta é uma maneira pela qual o homem sábio governa seus astros ao invés de ser governado por eles. Nas coisas que são realmente inevitáveis, e nas quais você não pode mudar sua atitude, permaneça firme. Elas são muito poucas. Quando houver um destino tão poderoso que você possa apenas curvar-se ante ele, mesmo então aprenda com ele, e daquele destino você colherá uma flor de sabedoria que talvez uma sina mais feliz não o permitiria colher. E assim, em todas as ocasião, nós descobrimos que podemos enfrentar e conquistar e, mesmo da derrota, podemos colher a flor da vitória"[35].

Vemos assim que o *karma* não é incompatível com a ideia de livre-arbítrio, pois, a partir de nossas escolhas atuais, vamos criando um novo destino para o futuro, que não precisa ser necessariamente um futuro remoto em alguma encarnação distante, mas pode ser o dia de amanhã.

Tudo depende da grandeza das forças que já pusemos em movimento no passado e da grandeza da nossa perseverança e força de vontade atuais.

Analisamos assim o *karma* acumulado e o maduro; falta-nos tecer mais alguns comentários sobre o *karma* em formação ou *kriyamāna karma,* completando assim os três gêneros de *karma* individual.

Talvez o ponto mais irônico e triste da vida humana seja que a maioria das pessoas são tão pouco sábias, sendo tão rebeldes, agressivas, teimosas e resistentes para com o que o *karma* lhes trouxe por justiça, que ao estarem saldando seu *karma* maduro estão, simultaneamente, gerando novo *karma.* Sobre isso, disse, certa vez, um *Mahātmā*:

"O Mestre ensina que não tem a menor importância o que aconteça ao homem exteriormente: tristezas, perturbações, doenças, perdas – tudo isso deve ser como nada para ele, e não deve permitir que afete a calma de sua mente. Elas são o resultado de ações passadas, e quando vêm, tu deves suportá-las alegremente, lembrando que todo mal é transitório, e que teu dever é permanecer sempre contente e sereno. Pertencem às tuas vidas anteriores, e não a esta; não podes modificá-las, portanto, é inútil preocupar-se com elas. Pensa antes no que estás fazendo agora, e que causará os acontecimentos da tua próxima vida, pois essa tu *podes* modificar"[36].

Na verdade, o *karma* maduro pode ser alterado pela intervenção do *karma* coletivo, ou seja, por terceiros, mas ainda assim somente a título de aceleramento do *karma* acumulado do indivíduo. Em outras palavras, nós todos somos agentes, instrumentos de pagamento ou cobrança do *karma* dos que nos cercam. Entretanto, causas providenciais, como costumam ser chamadas pelo vulgo, impedir-nos-ão sempre de fazer o bem ou o mal a quem não o merecer. Vale salientar, contudo, que ao fazer papel de agente do mal de outrem o indivíduo gera mau *karma* para si mesmo. Por isso Jesus disse:

"Pois é necessário que as ofensas venham, mas ai do homem pelo qual a ofensa vem!"[37].

Ou seja, o mau *karma* que estiver maduro terá que produzir sofrimento, mas ai daquele que for o carrasco que o infligir, porque ele pagará por ter escolhido tal papel. Nós sempre somos responsáveis pelo papel que escolhemos, e estamos sempre a representar um papel na vida dos que nos cercam. Nesse sentido, uma terceira pessoa pode somente acelerar um evento remoto, criando assim uma ocasião "imprevista". Dai decorre que:

"Em caso nenhum o homem pode sofrer pelo que não praticou; mas, se aparece uma ocasião imprevista de se livrar duma obrigação passada, é bom que o faça, livrando-se para sempre deste encargo"[38].

Por exemplo, talvez um certo homem não tivesse em seu *karma* maduro a morte por acidente ou por queda de um avião, mas se ele a tiver em seu *karma* acumulado, isso poderá acontecer. Se, porém, não constar nem em seu *karma* acumulado, então ele perderá o avião, talvez por um pneu furado em seu carro...

Quando, ao contrário de pensar que no universo humano não existe justiça, o homem descobre que nada acontece por acaso e que "mesmo os cabelos de vossa cabeça estão todos contados"[39], pode então ocorrer que caia no extremo oposto: o fatalismo com sua tendência à inação. A mais tradicional Escritura hindu, a *Bhagavad Gitā* é bastante clara a respeito:

> "O homem não se libera da ação abstendo-se da atividade, nem se eleva à perfeição pela mera renúncia. Ninguém pode, nem mesmo por um instante, permanecer realmente inativo; pois, inevitavelmente, todos são impelidos à ação (incluindo-se emoção e pensamento, N.T.) pelas qualidades (*guna-s*) nascidas da Natureza (*Prakriti*)"[40].

Na verdade, como vimos, toda ação movida por desejo egocêntrico cria laços *kármicos* que prendem tal qual "o arpão na baleia". Por outro lado, "um ato altruísta não é motivado por nenhuma expectativa pessoal porque ele não procede de um centro egoísta. Quando o 'eu' cessa, somente a ação permanece"[41]. Portanto, não há um agente sobre o qual a reação pudesse retornar e tampouco tal ação produz qualquer perturbação no Universo, pois ela está identificada com a Lei de Harmonia ou *karma*. "Em outras palavras, o que nos enlaça não é a ação, mas o motivo por detrás da ação. Enquanto os resultados de ações altruístas são benéficos para os outros, eles não têm a atração que os conduz de volta para a pessoa que realiza a ação. Tal ação é conhecida na filosofia hindu como *Nishkāmakarma*"[42].

Quando um homem aprende a agir sempre assim, sem desejo ou antipatia por qualquer objeto, ele não criará mais *karmas* novos e, portanto, em breve nada mais o prenderá à Roda de Nascimentos e Mortes. Porém, antes de se libertar de tal prisão o indivíduo terá que quitar todo seu *karma* anterior. Por isso disse Jesus:

> "Em verdade te digo que de maneira nenhuma sairás dali enquanto não tiveres pago o último ceitil"[43]. Para tanto, "o homem que possui o conhecimento pode neutralizar as forças procedentes do passado, opondo-lhes forças iguais e contrárias; pode 'queimar seu *karma* pelo conhecimento'"[44]. "Os que não possuem os conhecimentos necessários para passar em revista suas vidas anteriores podem, contudo, anular muitas causas que puserem em atividade na sua atual existência; podem reexaminar com cuidado tudo que puderem lembrar e notar onde causaram danos a alguém ou onde sofreram danos de alguém, neutralizando as causas do primeiro tipo vertendo pensamentos de amor e auxílio, e também executando, no plano físico, atos de auxílio à pessoa lesada, onde for possível; e, no segundo caso, enviando pensamentos de perdão e boa vontade"[45].

Quando o homem salda completamente sua "conta corrente" *kármica,* ou seja, quando todos os laços ou desejos egocêntricos se extinguiram, então, seu sempre crescente contentamento se transforma em beatitude infinita, pois surge a Graça espiritual que produz a expansão definitiva da sua consciência chamada *Dharma-Megha-Samādhi* ou Iluminação. É neste êxtase que ele se torna totalmente consciente da unidade de tudo que vive no Universo e seu amor se expande a todos os seres, transformando-o em um *Jīvanmukti* ou *Mahātmā.* Ele nada mais tem a aprender neste mundo, chegou a ser "homem perfeito, à medida da estatura completa de Cristo"[46].

Encontra-se no *Shiva-Sūtra:*

> "Um *Mahātmā* autorrealizado, embora livre da compulsão de reencarnar, pode possuir veículos (i.e. corpos, N.A.) no mundo manifestado a fim de ajudar a humanidade, como um ato de devoção"[47].

Enfim, a lei do *karma*, sintetizada nas palavras de Paulo:

> "Tudo que o homem semear; isso também ele colherá"[48].

Talvez tenha esse nome, que significa ação, justamente porque, ao invés da inação, ela nos induz decididamente a agir, quando a compreendemos de fato. Ela nos torna conscientes de que: "Cada homem é seu próprio absoluto legislador, o dispensador de glória ou trevas para si mesmo; o decretador de sua vida, sua recompensa, sua punição"[49]. Por isso, escreveu um *Mahātmā*:

> "Nós temos uma palavra para todos os aspirantes: TENTAI"[50].

QUESTÕES PARA ESTUDO DIRIGIDO:

1) Que relação tem o *karma* com a unidade do Universo?
2) A causa e o efeito são sempre simultâneos?
3) Há real incompatibilidade entre *karma* e *livre-arbítrio?*
4) O que são laços ou vínculos *kármicos?*
5) Como o *karma* reage em relação às ações e às intenções?
6) Qual é a nossa responsabilidade como agentes do *karma* alheio?
7) A doutrina do *karma* é fatalista, induzindo à mera resignação e inação?
8) De que forma o homem poderia "queimar seu *karma* pelo conhecimento"?
9) O que é *Nishkāmakarma*?
10) O que é *Mahātmā* ou *Jīvanmukti*?

BIBLIOGRAFIA RECOMENDADA:

BESANT, Annie. *A Sabedoria Antiga.* Brasília, Ed. Teosófica, 2003.

_________. *A Doutrina* do *Coração.* Brasília, Ed. Teosófica, 1991.

_________. *Karma.* S. Paulo, Pensamento, 1984.

VIVEKANANDA, Swami. *Karma-Yoga.* S. Paulo, Pensamento, 1977.

BLAVATSKY, H. P. *A Chave para a Teosofia.* Brasília, Ed. Teosófica, 1990.

LINDEMANN, R. *A Ciência da Astrologia e as Escolas de Mistérios*. Brasília, Ed. Teosófica, 2006.

REFERÊNCIAS BIBLIOGRÁFICAS:

1) OS CIENTISTAS. São Paulo, Abril Cultural, 1972, v. 1, p. 159.

2) TODAS as doenças têm uma causa emocional. *Zero Hora,* Porto Alegre, 24 set. 1984.

3) Ibidem.

4) Ibidem.

5) Ibidem.

6) HODSON, Geoffrey. *O Reino dos Deuses.* Porto Alegre, FEEU, 1967, p. 16. [The Modern Review. Calcutá, India, Jul./1936.]

7) THE MAHATMA Letters to A.P. Sinnett. Madras, The Theosophical Publishing House, 1972, p. 418.

8) DHAMMAPADA. Trad. Georges da Silva. São Paulo, Pensamento, 1978, p. 19. af. 1.

9) Ibidem, p. 19. af. 2.

10) *Ibidem, p. 31-2. af. 119-20.*

11) MUTHUSWAMY, N. *Karma* and its Use for Man. *The Theosophist,* Madras, The Theosophical Society, 106 (6): 223-7, Mar. 1985, p. 223.

12) BESANT, Annie. *Estudio sobre la Consciencia.* Rosario, Sociedade Teosofica en Argentina, 1981, p. 168.

13) Ibidem, p. 168.

14) Ibidem, p. 168.

15) THE MAHATMA, *op. cit.*, p. 185.

16) MUTHUSWAMY, *op. cit.*, p. 225.

17) DHAMMAPADA, *op. cit.*, p. 19. af. 5.

18) TAIMNI, I. K. *The Science of Yoga.* Wheaton, The Theosophical Publishing House, 1975, p. 233-4.

19) BESANT, Annie. *A Sabedoria Antiga.* Rio de Janeiro, Record, 1977, p. 190.

20) Ibidem, p. 194.

21) Ibidem, p. 194.

22) TAIMNI, I. K. *Autocultura;* À Luz do Ocultismo. Rio de Janeiro, Grupo Annie Besant, 1980, p. 118-9.

23) Ibidem, p. 119.

24) Ibidem, p. 119.

25) Ibidem, p. 120-1.

26) BESANT, *op. cit.* acima nota (19), p. 195.

27) Ibidem, p. 195.

28) Ibidem, p. 196.

29) Ibidem, p. 196.

30) Ibidem, p. 197.

31) BESANT, Annie. Vida Teosófica. In: *A Doutrina do Coração.* Brasília, Ed. Teosófica, 1991, p. *85.*

32) RESNICK & HALLIDAY. Física. Rio de Janeiro, Livros Técnicos e Científicos. Ed., 1977, v. I-1, p. 86.

33) Ibidem, p. 91.

34) PLATÃO. Diálogos; *A República.* Rio de Janeiro, Ed. Tecnoprint, S. d. p. 388. [§ 617e]

35) BESANT, A. *op. cit.* nota (31) p. 87-88.

36) KRISHNAMURTI, Jiddu. *Aos Pés do Mestre.* Brasília, Ed. Teosófica, 1999. p. 57-9. [§33]

37) THE HOLY Bible. King James Version, 1611. New York, American Bible Society, 1980. Matthew XVIII; 7. [Mateus XVIII; 7].

38) BESANT, *op. cit.*, (19), p. 200.

39) THE HOLY, *op. cit.*, [Mateus X; 30].

40) THE BHAGAVAD Gitā. Trad. Annie Besant. Madras, The Theosophical Publishing House, 1973, p. 46-7. [st. III; 4-5.]

41) MUTHUSWAMY, *op. cit.*, p. 225.

42) Ibidem, p. 225.

43) THE HOLY, *op. cit.*, [Mateus V; 26].

44) BESANT, *op. cit.* acima nota (19), p. 204.

45) BESANT, Annie. *The Ancient Wisdom* (*A Sabedoria Antiga*). Madras, The Theosophical Publishing House, 1977, p. 300.

46) THE HOLY, *op. cit.*, [Efésios IV; 13]

47) TAIMNI, I. K. *Shiva-Sūtra;* Realidade e Realização Supremas. Rio de Janeiro, Grupo Annie Besant, 1982, p. 144. (st. III; 26)

48) THE HOLY, *op. cit.*, [Gálatas VI; 7].

49) COLLINS, Mabel. *O Idílio do Lótus Branco.* Brasília, Ed. Teosófica, 2000. p. 111

50) THE MAHATMA, *op. cit.*, p. 244.

Responsável por este capítulo: Ricardo Lindemann.

VI

A LEI DE EVOLUÇÃO

Nem sempre a ideia de uma evolução da vida foi considerada natural. Charles Darwin, o primeiro naturalista que defendeu cientificamente tal ideia, encontrou tanta oposição em sua época, no século XIX, que chegou a considerar a resistência à sua obra "como um curioso exemplo da cegueira resultante de uma opinião preconcebida"[1]. Vigorava, naquela época, o Criacionismo: doutrina que sustentava a criação independente de cada espécie a partir de um ato do próprio divino Criador. Era também denominada Fixismo porque defendia a imutabilidade das espécies desde sua criação. Um dos seus maiores defensores foi o Padre Suarez, que viveu no século XVI.

Darwin baseou sua ideia na ação do meio ambiente sobre os indivíduos e na luta pela vida, causadora de um processo de seleção natural em que os indivíduos mais aptos sobreviveriam.

Na verdade, Lamarck antecipou-se a Darwin em sua posição evolucionista, mas, infelizmente, embora tenha percebido a influência do meio ambiente, reduziu os meios dessa evolução a uma lei de uso e desuso, e atribuiu a existência dos organismos atuais à geração espontânea, o que é cientificamente insuficiente para explicar a evolução.

Mais tarde, Weissmann, observando ratos, notou que a perda da cauda não era hereditariamente transmissível, pois ratos que tivessem perdido a sua cauda tinham filhotes com cauda. Criou assim uma teoria que distinguia as modificações das células somáticas – que não eram transmissíveis hereditariamente, embora fossem passíveis de alterar o organismo pelo maior ou menor uso de um órgão, ou mesmo por sua eventual perda – em contraposição às modificações das células germinativas, que seriam aquelas que se transmitiriam às gerações futuras. Assim, por exemplo, o fato de que um tenista geralmente desenvolve mais a musculatura de seu braço direito, pelo uso sistematicamente repetido daqueles músculos, só produzirá uma adaptação individual do seu organismo àquele exercício, mas não implicará que seus filhos venham a nascer com o braço direito mais desenvolvido que o esquerdo...

Assim surgiu o neodarwinismo, corrigindo imprecisões da teoria darwiniana, onde a mutação brusca e casual, de Hugo de Vries, acrescida do crescente conhecimento sobre os mecanismos do código genético, gerou as teorias que vigoram até hoje.

Embora exista atualmente uma aceitação geral no meio científico da teoria evolucionista, persiste a tendência de atribuí-la ao acaso. A esse respeito é no mínimo interessante mencionar a posição do Prof. Dr. Milton Menegotto, catedrático da Pontifícia Universidade Católica do Rio Grande do Sul, conhecido por suas obras publicadas, quando dizia:

> "Suponhamos que eu te dissesse que esse relógio de ouro que uso em meu pulso era uma pepita de ouro incrustada numa rocha no topo de uma montanha. E que pela ação da intempérie, o calor, o frio, a tempestade, o raio, os ventos etc., aquela rocha partiu-se, e a pepita, assim liberada daquela rocha, foi carreada pelas águas da chuva gradualmente montanha abaixo. O atrito de outras rochas e as forças da intempérie continuaram agindo sobre a pepita por muitos anos até que carreada pelas águas da chuva ela chegou ao sopé da montanha; tendo assim se transformado nesse relógio funcionando! Irias me levar a sério?".

Da mesma maneira como torna-se difícil admitir que um simples relógio surgiu do acaso, sendo que esse nós, seres humanos, conseguimos construir, deveria parecer-nos muito mais difícil admitir que um corpo humano, em sua incrível harmonia chamada vida, ou aquela outra mais incrível chamada inteligência, pudesse surgir do acaso, porque esses nós, humanos, não conseguimos construir.

Os medievais, e até mesmo Lamarck, acreditavam na geração espontânea como origem da vida, ou seja, que os ratos surgiam do lixo, etc.. Ora, hoje isso nos parece risível! Todavia, a teoria de Oparin-Müller, por exemplo, sustenta a origem da vida ao acaso a partir da queda de raios sobre um oceano que contivesse os 20 aminoácidos essenciais. Pareceria isso de fato muito diferente da geração espontânea?

A respeito dessa teoria, o matemático N.C. Wickramasinghe, Professor da University College de Cardiff (U.K.), e coautor, com

Sir Fred Hoyle, do livro *Evolution From Space* (Evolução Proveniente do Espaço), faz o seguinte comentário:

> "O fato de os microorganismos serem muito complexos é a maior dificuldade relacionada à concepção neodarwiniana da vida. Pode-se dizer que no momento da criação, ou da formação das bactérias, como quer que tenha sido, 99,99% da bioquímica das formas de vida superiores já tinham sido descobertas. Sabe-se que umas 2 mil enzimas ou mais são de importância vital para o amplo espectro de vida que vai dos microorganismos simples ao homem. As variações das sequências de aminoácidos nessas enzimas são em geral insignificantes. Em cada enzima uma série de posições-chaves são ocupadas por aminoácidos praticamente invariáveis. Consideremos agora como essas sequências de enzimas poderiam ter-se originado de um caldo primordial, contendo em porções iguais os 20 aminoácidos biologicamente importantes. Calcula-se que um mínimo de 15 posições por enzima devem ser preenchidas por determinados aminoácidos para um funcionamento biológico adequado. O número de combinações experimentais necessárias para encontrar essa associação é calculado em uns $10^{40.000}$, uma cifra enorme, ou melhor, astronômica. E a probabilidade de se descobrir essa associação mediante combinações ao acaso é de uma em $10^{40.000}$, número que pode ser considerado a medida do conteúdo de informação vital apenas das enzimas"[2].

Para que o leitor tenha uma ideia de quão pequena é essa probabilidade, é ilustrativo lembrar que a fração $1/10^{40.000}$ pode também ser representada por um algarismo zero virgulado seguido de outros 39.999 zeros até chegar-se ao algarismo 1 final. Eximimo-nos de publicar tal número dessa forma porque ele consumiria ao redor de 16 páginas somente de zeros... Mas o Prof. Wickramasinghe ainda acrescenta:

> "O número de combinações necessárias para descobrir a vida excede em muitas potências de 10 o número de todos os átomos do Universo observável. Um vendaval que soprasse os restos de um avião teria maiores possibilidades de juntar esses restos formando um Boeing 747 novinho em folha que os processos do acaso de criar a vida a partir de seus componentes"[3].

Se é difícil explicar de modo probabilista a origem da vida, muito mais difícil seria atribuir a sua evolução ao acaso até o surgimento do corpo do ser humano, sem mencionar a dificuldade maior ainda de explicar a sua inteligência, porque, afinal, qualquer macaco tem um corpo muito parecido com o nosso. Pretender, então, que, como afirma a lei de entropia da termodinâmica geral, qualquer sistema deixado a si mesmo torna-se cada vez mais desorganizado e que o Universo é proveniente de uma grande explosão parece profundamente contraditório. É pouco provável que consigamos imaginar algo mais caótico e desorganizado que uma explosão. Se tal foi a origem do Universo, conforme a Ciência afirma, e se sua evolução desde então foi casual e entrópica, com desordem crescente, só nos resta concluir que o Universo ordenado no qual nós vivemos não existe, e que nós mesmos não existimos. Uma óbvia impossibilidade! Pode a poeira cósmica resultante original de uma grande explosão organizar-se sozinha ao acaso?

A Tradição-Sabedoria afirma, desde tempos imemoriais, que o Universo é cíclico, que se origina de um ponto do qual se expande e que retornará a esse ponto contraindo-se para então novamente expandir-se etc.. A Ciência está gradualmente chegando a essa mesma conclusão, ao afirmar que o Universo origina-se de uma grande explosão original *(Big Bang),* quando predominam as forças de repulsão ou expansão [correspondendo ao predomínio de *Brahmā*[(B3)], o Criador, no Hinduísmo], expandindo e disseminando, assim, a matéria no Universo.

Gradualmente se formam astros pela atração das massas de poeira cósmica resultante daquela explosão, havendo um relativo equilíbrio entre as forças de atração e repulsão [correspondendo ao predomínio de *Vishnu*[(B2)], o Preservador, no Hinduísmo], possibilitando o surgimento dos astros e da vida orgânica. Assim, as forças de atração gravitacional passam a predominar tanto que surge o "buraco negro", do qual nem a luz escapa, dada a existência de massa ínfima nos fótons que a constituem. Esse "buraco negro" passa, desta forma, a absorver sistemas solares inteiros [correspondendo ao predomínio de *Maheśa* ou *Shiva*[(B1)], o Destruidor, Transmutador, Regenerador ou Libertador, no Hinduísmo] até que seu núcleo, conforme se calcula hoje, atinja uma massa crítica que o levará a explodir novamente.

Ora, essa é a própria manifestação da lei de periodicidade ou ciclicidade universal que Blavatsky expressou na proposição segunda do proêmio de sua obra *A Doutrina Secreta,* publicada em 1888, que já citamos anteriormente no capítulo IV. Por sua vez, a autora afirmava apenas tê-la compilado de tratados orientais milenares, conforme ali também se encontra fartamente documentado.

Além disso, pode-se perceber aqui como o ponto de vista hindu referente ao Absoluto Imanifestado, *Brahman*[A], que se manifesta periodicamente como *Īśvara*[B] por meio de três aspectos ou pessoas, a Divinade Trina ou *Trimurti,*a saber: *Brahmā*[B3], *Vishnu*[B2] e *Shiva*[B1], é basicamente uma descrição simbólica dos três estágios do ciclo da manifestação do Universo, conforme a própria Ciência oficial começa a descobrir. Esses três aspectos de *Īśvara* ou *Logos*[B], uma das designações gregas da Divindade, são encontrados pela Tradição-Sabedoria com diferentes nomes nas diversas Trindades das religiões. Correspondem, por exemplo, a Ísis[B3], Hórus[B2] e Osíris[B1], na tradição egípcia, e ao Espírito Santo[B3], ao Filho[B2] e ao Pai[B1], na tradição cristã, respectivamente. Infelizmente, o peso dos antropomorfismos, dos dogmas e das superstições milenares muitas vezes sufoca e encobre o lado lógico dessas antigas concepções.

Por outro lado, se até Karnap, o grande epistemólogo, considerava as teorias da Ciência como "inferências prováveis", por que alguns cientistas prefeririam admitir qualquer coisa, até mesmo a mais improvável de todas – o acaso – como origem do Universo e da evolução da vida? Possivelmente, devido a um mecanismo de defesa, para usar expressões já comuns da própria psicologia, oriundo das traumáticas e atrozes perseguições religiosas que a Ciência moderna encontrou em seus primórdios. A Ciência ocidental teve de escapar, em suas origens, das fogueiras da Santa Inquisição e de um Deus antropomórfico a jogar sua ira sobre infiéis e pecadores de todo gênero, e a ser imposto dogmaticamente a ferro e fogo.

Assim, Giordano Bruno (1548-1600), um filósofo, padre dominicano da Igreja Católica Romana e Doutor em Teologia, que foi professor nas Universidades de Tolosa, Oxford, Sorbonne, Wittenberg etc., tornou-se um mártir da liberdade de pensamento. Depois de encarcerado por sete anos e torturado, ele foi queimado vivo no não tão remoto dia 17 de fevereiro de 1600 pela fogueira da Santa Inquisição, apenas porque acreditava não ser digno da grandeza de Deus que houvesse vida somente no planeta Terra, mas sim em Universos inumeráveis. Tal ideia foi considerada herética, bem como a de que a Terra girava em torno do Sol, motivo pelo qual Galileu Galilei (1564-1642) preferiu voltar atrás em sua sustentação da teoria heliocêntrica, permanecendo, mesmo assim, em prisão domiciliar até o fim dos seus dias. É, portanto, compreensível que alguns cientistas tenham tido medo mesmo de levantar a hipótese de que possa existir um princípio inteligente que ordene a evolução do Universo e da vida.

Contudo, tal não era o caso de um cientista ilustre, talvez o maior cientista de todos os tempos, como o Dr. Albert Einstein, que, conforme mencionamos anteriormente, dizia:

> "Eu creio em Deus... que se revela na harmonia ordenada do Universo. Eu creio que a Inteligência está manifestada em toda a Natureza. A base do trabalho científico é a convicção de que o mundo é uma entidade ordenada e compreensível e não é uma coisa ao acaso"[4].

Ou como dizia o jovem Krishnamurti:

> "Pois Deus[(B)] tem um plano, e esse plano é a evolução. Quando o homem o tiver visto uma vez, e realmente o conhecer, não poderá deixar de cooperar com ele, tornando-se uno com ele, por ser tão glorioso e tão belo"[5].

Todavia, gostaríamos de enfatizar que o conceito oriental aqui traduzido como Deus não corresponde identicamente ao ocidental porque, conforme já mencionamos no capítulo III, ele é tanto espiritual quanto material; antes é uma lei, presente inclusive na própria matéria e que é a causa da sua ordenação. Ou como a Sra. Blavatsky considera em sua primeira proposição:

> "Um princípio Onipresente, sem limites, Eterno e Imutável, sobre o qual toda especulação é impossível, porque transcende o poder da concepção humana e porque toda expressão ou comparação da mente humana não poderia senão diminuí-lo. Está além do hori-

zonte e do alcance do pensamento, ou, segundo as palavras do *Mandukya (Upanishad)* é 'inconcebível e inefável'"[6].

É fácil demonstrar como a tendência de fixar uma forma ou conceito para esse Princípio Onipresente[A], às vezes traduzido erroneamente como um Deus pessoal e até antropomórfico, tem sido historicamente a causa de muita intolerância religiosa, fanatismo, superstição e, até mesmo, guerras pretensamente "santas".

O Bispo C.W. Leadbeater esclarece melhor esta questão em sua obra *A Gnose Cristã*, no capítulo *Sobre Deus*:

"Quanto a *Parabrahman*, o Absoluto[A], Ele não é pessoal de modo algum. Ele não é o que chamaríamos de uma existência. Sobre o Absoluto[A] nada pode ser afirmado, seja o que for, exceto que Ele não é isso, Ele não é aquilo; Ele não pode ser definido em qualquer plano que jamais imaginamos ou pensamos. Como disse o Buddha: 'Não procurem por *Brahman*[A] ou pelo princípio em algum lugar'. Por mais determinado que seja o buscador, o Absoluto[A] nunca pode ser alcançado. 'Véu sobre véu pode ser removido, mas sempre haverá véu sobre véu por detrás'. É inútil especular; *Brahman*[A] só pode ser compreendido em seu próprio nível.

"Quando falamos de Deus[B], referimo-nos, para todos os efeitos práticos, ao *Logos*[B] [palavra grega que corresponde à latina *Verbo*[B], N.T.] de nosso sistema solar. O *Logos*[B] é mais compreensível que o Absoluto[A] porque se elevou vagarosamente a partir de um estado[C] semelhante à nossa própria humanidade. A matéria física (η) no Sol e nos planetas de nosso sistema forma Seu corpo físico[E4]; a matéria astral (ζ), dentro dos limites do sistema, é o Seu corpo astral[E2]; a matéria mental (ε), Seu corpo mental[E1]. Portanto, somos todos parte Dele"[7].Tal ideia também se encontra na Bíblia: "Pois Nele vivemos, e nos movemos e temos o nosso ser"[8].

Podemos, assim, verificar como a falta de clareza filosófica no conceito de Deus[B] pode gerar grande confusão, particularmente numa das maiores inconsistências lógicas da Teologia cristã ocidental, que é o conceito de um Deus dito onipresente, mas que não está no mal nem no Diabo – que, aliás, é formulado apenas para justificar a origem do próprio mal.

É sensível a diferença de tais conceitos na filosofia oriental, como podemos citar Krishna enquanto encarnação ou manifestação de *Vishnu*(B2), afirmando na *Bhagavad-Gitā:*

> "Eu sou a trapaça do trapaceiro, e o esplendor das coisas esplêndidas Eu sou"[9].

Expressando plena, absoluta e vivamente o aspecto onipresente e imanente(B2) da Divindade, pois o mal surge apenas do mau uso da inteligência divina que está presente em nossa mente(E1) humana, como encontra-se nas *Cartas do Mahatmas*: "O mal não tem existência *per se* e é apenas a ausência do bem; e existe apenas para aquele que é transformado em vítima sua... A natureza é destituída de bondade ou maldade; ela segue apenas leis imutáveis quando dá vida e alegria ou manda sofrimento e morte, destruindo o que havia criado. A natureza tem um antídoto para cada veneno, e suas leis possuem uma recompensa para cada sofrimento... O verdadeiro mal surge da inteligência humana e sua origem está inteiramente no homem que raciocina e se dissocia da Natureza... a origem de cada mal, seja pequeno ou grande, está na ação humana, no homem, cuja inteligência faz dele o único agente livre da natureza"[10].

Por outro lado, não se pode reduzir tal filosofia a mero panteísmo, porque também é claro o aspecto transcendente(B1) da Divindade(B) na seguinte passagem:

> "Havendo impregnado todo este Universo com um único fragmento(B2) de Mim mesmo, Eu(B1) permaneço" [11].

Tais passagens são apenas apresentadas aqui como exemplo de uma das correntes clássicas da filosofia oriental a respeito de uma visão da Divindade sensivelmente distinta da cristã tradicional. É esse sentido último de que há um Princípio Onipresente(A) ou Lei Ordenadora em todas as coisas que levou a Sra. Blavatsky a afirmar que "...não existe matéria morta. Todo átomo final é vivo. E não poderia ser de outra forma, pois cada átomo é fundamentalmente por si mesmo o Ser Absoluto(A)... Cada átomo de substância, não importa de que plano, é ele mesmo uma Vida" [12]. Assim, caso tomemos uma postura agnóstica ou estritamente materialista e admitamos que a vida e a própria inteligência humana evoluíram de combinações fortuitas de átomos, então teremos também que admitir que, no mínimo, a própria matéria é potencialmente inteligente.

Essa inteligência potencial ou inconsciente na matéria apresenta-se, por exemplo, na ordenação das órbitas, partículas subatômicas que encontramos no crescimento dos cristais ou mesmo no incômodo que um simples vírus produz, porque embora oficialmente tratado como um mero mineral pela Ciência, ele consegue reproduzir-se ao interagir com nosso organismo. É no mínimo curioso o modo pelo qual a matéria se ordena naturalmente mesmo em suas manifestações mais ínfimas, sem mencionar a perfeita ordenação dos astros num sistema solar ou numa galáxia.

Ora, se consideramos, como há pouco, que a própria Ciência começa a aceitar o Universo com características cíclicas de expansão e contração, então, é no mínimo interessante considerar que qualquer ciclo é ordenado e orientado. Ou seja, para tomar como mero exemplo um dos ciclos mais simples como o dia e a noite na região equatorial, veremos que tais fases se alternam regularmente num período aproximado de doze em doze horas. Noutras latitudes poderá variar tal duração do período, mas também haverá regularidade previsível. Assim, voltando-se ao nosso exemplo, não poderíamos ter uma noite seguida de outra sem apresentar-se um dia entre ambas. Tal é a lei da Natureza, pois todo o ciclo tem um sentido obrigatório, orientado. Não podemos inverter-lhe a ordem, assim como não podemos fazer o tempo andar para trás neste plano (η). Há visivelmente uma intenção orientada na Natureza, como expressão de sua própria essência. A Tradição-Sabedoria não vê a evolução da forma e da vida, que até a Ciência oficial verificou, como fenômeno casual, mas antes como decorrente de uma pressão interior da vida oculta na forma em busca de uma maneira mais plena de expressar-se. Assim, aquela inteligência inconsciente na poeira cósmica ordena suas partículas ao longo de bilhões de anos até formar os astros, que se constituem de minerais, que evoluirão para a constituição da vida orgânica vegetal e depois animal, humana etc.. Há um pensamento antigo de origem oriental que ilustra bem essa intenção evolutiva da Divindade ao afirmar:

> "Deus dorme no mineral, sonha no vegetal, desperta no animal, torna-se autoconsciente no homem".

Todavia é somente no homem perfeito, como Buddha, Cristo, Krishna, Śankara e outros, que podemos realmente vislumbrar a plenitude das potencialidades divinas ocultas no homem comum.

Uma análise mais detalhada deste pensamento sugere um esforço da Natureza, de modo que num primeiro estágio, ou seja, no reino mineral, seja conquistada a estabilidade da forma física. Assim, por exemplo, temos minerais, como o ferro em nosso corpo, que se originaram, há bilhões de anos atrás, da explosão de uma estrela supernova capaz de sintetizar o ferro, porque o nosso Sol não é capaz de sintetizá-lo.

Porém a plasticidade do organismo é conquistada no reino vegetal, que indica o início da vida orgânica, considerada pela Tradição-Sabedoria como organizada por um duplo etérico[(E3)], conforme consideramos no capítulo III. Tal é a conquista desse estágio que, mesmo sem um sistema nervoso especializado, uma certa sensibilidade começa a se desenvolver como atestam os rápidos movimentos de certas plantas carnívoras, bem como as interessantíssimas experiências do Dr. Cleve Backster com plantas através de eletrodos de polígrafos ou detectores de mentiras. Não corresponde ao nosso escopo detalhar tais experiências aqui, até porque tal já foi feito no livro de Peter Tompkins, *A Vida Secreta das Plantas*.

O que talvez seja importante ressaltar é que a função própria do estágio evolutivo *(dharma)* dos vegetais, enquanto primeiro degrau da pirâmide alimentar da vida orgânica, é justamente gerar a matéria orgânica. Nesse sentido a ausência de um sistema nervoso especializado minimiza o sofrimento dos vegetais, de modo que causamos muito menos dano à Natureza arrancando uma folha de uma árvore do que um olho de um cachorro. É com esse espírito de causar menos dano à intenção evolutiva da Natureza que a cultura hindu, por exemplo, é tradicionalmente vegetariana.

A Natureza tem um trabalho muito maior para produzir um animal, e a conquista desse estágio culmina na mobilidade coordenada por um sistema nervoso especializado. Isso implica a capacidade de ter sensações, ou seja, os animais caracterizam-se por já ter um corpo astral[(E2)] ou emocional individualizado. A Tradição-Sabedoria considera que o desenvolvimento evolutivo dos veículos da consciência ocorre a partir de uma evolução inicialmente coletiva, chamada alma-grupo, até a conquista da individualização.

No reino mineral, conquista-se a forma física e o duplo etérico[(E3)] começa a ser formado. No reino vegetal, o corpo físico[(E4)] e o duplo etérico[(E3)], que organiza a vida orgânica, já estão separados, mas as emoções do corpo astral[(E2)] ainda em formação acumulam-se na alma-grupo. No reino animal, o corpo físico[(E4)], o duplo etérico[(E3)] e o corpo astral[(E2)] já estão separados, de modo que a alma-grupo está nucleada no plano mental (ε), onde o corpo mental[(E1)] ainda está em formação. Seria, portanto, errôneo dizer que o animal não pensa, embora em geral sua memória seja pouco desenvolvida e a capacidade de abstração não exista. Contudo, mesmo o reflexo condicionado pavloviano indica uma memória capaz de adestramento.

Por outro lado, os mamíferos superiores podem apresentar capacidades mentais razoavelmente desenvolvidas; de modo que em busca do prazer e para fugir da dor a mente[(E1)] se desenvolve lentamente. Pesquisas feitas com macacos antropóides, golfinhos, baleias etc., têm demonstrado inclusive certa aptidão para a formação de uma linguagem própria.

Um dos casos mais interessantes foi o de Koko[13], uma gorila que aprendeu a falar por meio de uma linguagem semelhante à dos surdos-mudos, chegando a dominar 375 palavras. Era, porém, capaz de criar neologismos como, por exemplo, quando denominou "caçar em silêncio" à brincadeira de esconde-esconde que lhe ensinaram. Quando lhe apresentaram uma máscara, ela denominou-a "furo para os olhos", e ao Pinóquio ela chamou de "bebê-elefante", pela associação com a tromba. A capacidade de mentir e de, por qualquer problema, culpar Michel, seu colega menor que só dominava 75 palavras, também se desenvolveu sem que ninguém lhe ensinasse. Mais impressionante, porém, foi quando, ao assistir uma discussão entre especialistas sobre se ela já era adulta ou se ainda era criança, Koko interferiu corrigindo-os ao afirmar que ela era "uma gorila". Tal fato indica o surgimento de um princípio de autoconsciência, sugerindo que o processo de individualização mental encontrava-se em estágio avançado.

O pensamento teosófico considera que o princípio da mente abstrata, ou corpo causal[(D3)], é a característica distintiva do ser humano que lhe faculta ter autoconsciência, à medida que o conceito de "eu" sendo reflexivo sobre si mesmo exige abstração mental. Ele surge por exclusão e objetificação de tudo mais como sendo elementos do conjunto "não eu", donde já se percebe que não é tão fácil definir o conceito de "eu", porque sendo essencialmente subjetivo e reflexivo é abstrato. O bebê que ainda não desenvolveu suficientemente sua mente ainda se confunde com a mãe ou a toma como parte de si, porque o abstrato conceito de "eu" ainda não foi suficientemente formulado.

Chama-se, assim, de individualização, na literatura teosófica, ao processo de passagem da vida do reino animal, ainda caracterizado pela alma-grupo, para o reino humano, caracterizado pela autoconsciência. Tal processo de criação do corpo causal[(D3)] é semelhante ao surgimento de um raio que une instantaneamente a Terra às nuvens do céu a partir de um longo processo de acúmulo de eletricidade estática. Quando a tensão entre os polos assim constituídos vence a resistência do ar, o raio ocorre. Similarmente, se a força de vontade, o amor ou a inteligência desenvolvem-se no animal além de um certo limite, segundo a Tradição-Sabedoria, ele não reencarnará mais como animal, mas seu próximo corpo será humano, porque ele alcançou a autoconsciência.

Infelizmente, os nossos veículos pessoais ou constituintes da personalidade[(E)], ou quaternário mortal, isto é, o corpo físico[(E4)], o duplo etérico[(E3)], o corpo astral[(E2)] e o corpo mental inferior[(E1)], tendo evoluído direta ou indiretamente de uma evolução de bilhões de anos, pelos reinos mineral, vegetal e animal, costumam ter resquícios e tendências daqueles reinos, até porque seriam constituídos de essências elementais de reinos ainda anteriores. Assim, embora o homem comece a despertar suas faculdades divinas, ainda apresenta muitas características animais, e este é o motivo do seu conflito ou contradição.

Em média, talvez nas primeiras quinhentas encarnações no reino humano, a alma[(D)] é ainda muito imatura e primitiva, manifestando-se de modo algo egoísta como uma criança. Apresenta ainda certas tendências animais em sua expressão, pois se identifica demasiadamente com seu corpo físico[(E4)] e seus prazeres. Platão chama-as de almas de ferro em *A República*. Contudo, é muito importante compreender claramente que essas classificações antigas referem-se a estágios de despertar de consciência das almas[(D)]. O conceito de fraternidade origina-se na ideia de que todos somos irmãos por termos uma origem divina comum, e embora não estejamos todos no mesmo estágio de evolução, isso não implica diferença de valor, pois há igualdade de valor entre irmãos, mesmo que possa haver diferença de capacidades, desenvolvimento ou grau de despertar da consciência[(C)]. Ninguém pretenderá que, numa família, o bebê recém-nascido tenha menos valor que seu irmão de cinco ou que sua irmã de dez anos de idade. Antes, pelo contrário, há uma tendência a auxiliar mais ao bebê porque ele é mais frágil e necessita totalmente de nossos cuidados, amor e compaixão para que possa sobreviver. Ele não viverá se alguém não alimentá-lo, porque ainda não desenvolveu capacidade para tal. Nesse sentido, e com toda razão, dizia o XIV Dalai Lama que todos nós somos frutos da compaixão, que essa é a origem comum de todos os seres humanos. Se depois nos corrompemos pelo poder e pela guerra isso apenas demonstra que não sabemos quem somos nem qual foi nossa origem, sendo os primeiros a sofrer por nossa própria ignorância, conforme já consideramos no capítulo sobre a contradição humana.

O Dr. Mohandas Karamchand Gandhi (1869-1948), grande líder pacifista indiano que o povo chamou carinhosamente de *Mahātmā*, dizia que se pode conhecer o nível evolutivo de uma civilização pela maneira como ela trata os animais. Isso é evidente, dada a fragilidade destes nossos pequeninos irmãos perante a força e o poder das armas criadas pela mente humana. Poderíamos, provavelmente, estender esse conceito às crianças, às mulheres, aos idosos, aos deficientes, enfim, a todos que podem ser mais facilmente vencidos pela força bruta. É, às vezes, algo difícil perceber os motivos ocultos numa conduta gentil para com aqueles que detêm mais poder ou capacidade que nós, mas é particularmente fácil evidenciá-los quando tratamos com aqueles que circunstancialmente encontram-se com menos poder ou capacidade que nós. Como já dizia o Cristo:

"Em verdade vos digo que, quando o fizestes a um destes meus pequeninos irmãos, a mim o fizestes"[14].

Por isso, é no modo de tratamento com os mais frágeis ou menos poderosos que conhecemos o verdadeiro estágio de uma civilização como um todo, ou do nosso próprio desenvolvimento espiritual enquanto indivíduos.

É óbvio que se as almas[(D)] mais jovens ou primitivas são marginalizadas ao invés de educadas com amor e paciência, a consequência inevitável é um alto nível de criminalidade. É preciso, de uma vez por todas, compreender que uma mente[(E1)] pouco desenvolvida que não receba educação tem grande probabilidade de tornar-se insensível e egoísta até porque ainda não percebe as consequências de seus atos. Não lhe ocorre vivamente a dor futura que poderá advir de seus atos presentes. Possivelmente ainda não tenha compreendido que o crime não compensa. É óbvio que essa alma[(D)] ainda muito jovem precisa ser educada. O sistema penal precisaria educar e dignificar, e não meramente punir e marginalizar. As almas[(D)] mais primitivas, assim como uma criancinha imatura, são as que mais precisam de paciência, compreensão e amor, desde sua tenra infância. O meio as influencia muito, elas têm pouco desenvolvimento da mente[(E1)] e da força de vontade para superar a influência do meio onde vivem. Para tais almas a educação é fundamental. Do ponto de vista *kármico,* deveria ser desnecessário lembrar que a lamentável pena de morte não é solução para tal problema porque obviamente o vínculo *kármico* assim gerado com o Estado fará com que tais criminosos reencarnem naquele mesmo país, e, provavelmente, com ainda mais ódio e predisposição ao crime.

Analogamente, se os animais desenvolverem a mente[(E1)] pelo medo dos homens e não pelo amor a eles, que tipo de seres humanos eles tenderão a ser quando atingirem a individualização? Que tipo de civilização é esta que trata os animais como mero artigo de comércio para engorde e abate, ou que considera pesca e caça como esporte e passatempo?

Essa questão da compaixão e do auxílio fraternal para com os menos evoluídos deveria despontar como óbvia do estudo da lei de evolução, mas infelizmente nem sempre a história fez tal registro.

As inúmeras formas de dominação política e de classes sociais, a rigidez do sistema de castas na Índia, com os correspondentes maus tratos recebidos pelas castas consideradas inferiores, a manipulação nazista do conceito de evolução racial, entre outras superstições lamentáveis, são deformações essencialmente derivadas de uma má compreensão da lei de evolução, quando não de uma interpretação deliberadamente deformada, egoísta e interesseira desta lei da Natureza. Deveria, portanto, ser desnecessário enfatizar a enorme importância de uma clara compreensão desta lei que determina o próprio sentido da vida.

Um dos pontos que deve ficar muito claro, e que Platão, no livro III de *A República,* chegou a considerar como "a primeira e principal regra que a Divindade impõe aos magistrados: ... de todas as coisas das quais devem ser bons guardiães, a nenhuma dediquem maior zelo que às combinações de metais de que estão compostas as almas das crianças"[15], ou seja, tomar sempre em consideração que o nível de maturidade espiritual ou estágio evolutivo de cada alma não é hereditário, mas totalmente individual. Platão enfatizou que "embora a composição paterna seja geralmente conservada nos filhos, pode suceder que nasça um filho de prata de um pai de ouro, ou um filho de ouro de um pai de prata, e da mesma forma nas demais classes"[16]. Ora, o apego à família é um passo adiante na evolução de uma alma de ferro, mas, por outro lado, o nepotismo costuma tornar-se um desastre na estruturação de um Estado. Platão acrescenta:

> "Porque diz um oráculo que a cidade perecerá no dia em que tiver à testa um guardião de ferro ou de bronze"[17].

Sendo o estágio humano mais primitivo, a alma[(D)] de ferro teria ainda muitas tendências animais, sendo a identificação com o corpo físico[(E4)] muito forte. Assim, o seu desejo dominante é de satisfação sensual, o que irá intensificando gradualmente também a atividade o corpo astral[(E2)]. Contudo, costuma ainda ser algo preguiçoso, predominando a qualidade *tamásica* ou da inércia de repouso. Seus objetivos são as satisfações sensuais imediatas, e não tem a mente muito desenvolvida para perceber vividamente as consequências de seus atos a longo prazo. Frequentemente não querem assumir a responsabilidade de educar os filhos que poderão vir a gerar em grande número ou com certa irresponsabilidade, dado que buscam apenas a satisfação imediata de seus desejos sensuais. Todavia, até por uma questão instintiva, as mulheres tendem a apegar-se mais às crianças porque estas foram geradas em seu próprio corpo. Assim, o sentido de responsabilidade e fidelidade à família desenvolver-se-á lentamente; à medida que, conduzida pelo *karma*, a alma vai trocando de sexo de tempos em tempos, (geralmente as investigações sugerem que o sexo do corpo é conservado pelo mínimo de três e máximo de sete encarnações sucessivas) ela vai também conhecendo "os dois lados da moeda", ou experimentando na própria carne as consequências dos seus atos. Ela colhe o que semeou. Gradualmente, porém, ela descobre que o caminho mais impulsivo para a satisfação dos desejos de seu corpo astral[(E2)] pode trazer frutos dolorosos a longo prazo.

Inicia aqui um novo estágio: o da alma de bronze Pois ela começa a desenvolver a mente concreta[(E1)] e resolve organizar os impulsos e desejos de seu corpo astral[(E2)] para obter mais satisfação e menos dor. Assim, a mente vai desenvolvendo astúcia por motivos ainda egoístas.

O desejo egoísta é ainda a mola propulsora de seu desenvolvimento. Paulatinamente a mente[(E1)] sofistica seus interesses e começa a arquitetar e planejar iniciativas mais ambiciosas, superando a tendência *tamásica* da indiferença e acomodação. Surge o predomínio da qualidade *rajásica* que busca as posses e o acúmulo de riquezas, características da alma[(D)] de bronze. Mesmo a relação afetiva da família nesse nível é muito possessiva, mas o desejo dominante já não é apenas a satisfação pessoal, porém passa a ser "o desejo de ajudar a própria família a viver confortável e decentemente"[18], ou seja, deseja acumular riqueza para os seus. Esse seria o desejo dominante de uma alma[(D)] de bronze.

Cabe aqui introduzir o conceito hindu de *dharma,* palavra sânscrita que significa "dever, lei, direito, justiça, virtude, moralidade etc."[19]. Annie Besant define *dharma* como o estágio ou "natureza interna de uma coisa em qualquer estágio de evolução, e a lei do próximo estágio de seu desenvolvimento"[20], ou seja, o estágio atual e a lei que rege o desenvolvimento do estágio seguinte. Assim, por exemplo, o primeiro e mais simples dos *dharmas* humanos seria o da obediência, da devoção e da fidelidade. Assim como de uma criança, só isso podemos pedir de uma alma(D) de ferro. Exigir mais que isso não seria fraternal, pois é preciso ter paciência com uma alma simples onde a inteligência ainda não está significativamente desenvolvida. É característica ainda neste estágio a falta de iniciativa própria, de modo que seu *dharma* é o de servente. Como diz Annie Besant:

> "Quando a faculdade de iniciativa é pequena, o juízo é destreinado, a razão é pobre e pouco desenvolvida, o Ser é inconsciente de seu elevado destino, quando ele é predominantemente movido pelo desejo, quando ele ainda tem que crescer pela gratificação da maioria senão de todos seus desejos, então o *dharma* desse homem é o serviço, e somente cumprindo esse *dharma* pode seguir a lei evolutiva pela qual ele atingirá a perfeição"[21].

A ideia essencial é a de que se uma pessoa não tem iniciativa própria, é pouco inteligente e não tem controle sobre os seus próprios desejos e impulsos, só lhe resta a obediência às ordens de quem já tem essas capacidades desenvolvidas para que sua evolução possa cumprir-se. De forma semelhante os pais educam uma criança pequena.

Então, pelo cumprimento de seu *dharma,* a alma(D) de ferro transmuta-se em bronze quando desperta a ambição por acumular riquezas para sua família, como já consideramos. Surge iniciativa, astúcia e um certo grau de autodomínio para alcançar seus interesses. Conduzido pelo desejo ainda egoísta por posses e riquezas, ela vai gradualmente controlando e subordinando outros impulsos de sua natureza. O *dharma* da alma(D) de bronze é aprender o primeiro uso do poder adquirindo riquezas. Nessa busca ela terá que desenvolver a mente em várias qualidades, como por exemplo, a faculdade de não se deixar desviar do objetivo pelo mero impulso dos desejos ou das emoções, economia, ausência de gastos e extravagâncias, desenvolver astúcia e perspicácia para fazer melhores negócios, exatidão nos cálculos e pagamentos etc.. Gradualmente, porém, ela irá descobrindo que o acúmulo de riquezas só é possível e seguro num Estado estável, onde haja ordem, assim como também descobrirá que terá que zelar por seu nome para poder manter suas riquezas e fazer cada vez melhores negócios porque agora ela tem algo que pode perder. Por esses motivos, gradualmente a honestidade e o sentido de cidadania desenvolver-se-ão nela, pois esse é o seu *dharma,* mesmo que tal desenvolvimento possa talvez necessitar de mais umas duzentas reencarnações. Ela terminará por descobrir que não é possível acumular riquezas e trazer verdadeira segurança e conforto para sua família num ambiente sem lei e ordem.

Referindo-se a esse estágio, diz a Dra. Annie Besant:

> "É um mérito... ser frugal, recusar pagar mais do que deve, insistir em uma transação lícita e justa. Tudo isso gera as qualidades que são necessárias e conduzirão para a perfeição futura. Nos seus estágios iniciais essas qualidades às vezes são pouco amáveis, mas de um ponto de vista superior elas são o *dharma* deste homem, e se ele não for cumprido, haverá fraqueza em seu caráter, que se manifestará mais tarde e prejudicará sua evolução"[22].

Assim, gradualmente, a alma(D) de bronze cumpre o seu *dharma* de honestidade e passa a introjetar o respeito à lei, que é a genuína cidadania, transmutando-se em alma(D) de prata. É óbvio que não é genuinamente civilizado, ou seja, cidadão, o indivíduo que só cumpre a lei enquanto a polícia o observa. A verdadeira cidadania surge quando a alma(D) respeita naturalmente a lei porque compreende que a lei é o Estado, e que dela depende a ordem e segurança que criam a melhor forma de vida para o indivíduo e sua família. Só então ele é verdadeiramente um cidadão, um patriota; ele desenvolveu consciência nacional. Esse é o desejo predominante da alma(D) de prata: servir a sua pátria, mesmo que isso possa custar-lhe a vida.

É evidente que as almas(D) de prata não são a maioria. Normalmente são necessárias setecentas encarnações humanas para a alma(D) alcançar a genuína civilidade. Conforme considera o Dr. Taimni:

"Diz-se que o número médio de vidas passadas na Terra entre a individualização e o atingimento do Adeptado (perfeição humana, N.E.) é cerca de 777. Cerca de 700 destas são passadas na aquisição de experiências nas *condições* de selvagem e semicivilizados, cerca de 70 obtendo experiências em condições civilizadas e aperfeiçoamento da natureza moral e as últimas 7 trilhando o Caminho (ou Senda Espiritual, N.E.) que conduz ao Adeptado"[23].

Talvez seja importante ressaltar, através de um breve comentário paralelo, que os números de reencarnações apresentados neste capítulo são uma estimativa algo grosseira e especulativa, mas com certo valor simbólico e pedagógico, à medida que adaptam aproximadamente a razão proporcional da progressão geométrica aqui citada pelo Dr. Taimni. É evidente que tal estimativa trata de aproximações numéricas médias e gerais à proporção que algumas encarnações podem ter maior duração, enquanto outras podem ser precocemente ceifadas pela morte. Mais significativo, porém, é ainda o fator, a considerar, da disposição e vontade de aprender e cooperar, que varia enormemente de alma[(D)] para alma. Contudo, sob um ângulo pedagógico, o ponto realmente valioso desta progressão geométrica é alertar-nos para o fato de que, à medida que a consciência[(C)] vai despertando para a compreensão da vida e passa a cooperar conscientemente com o seu propósito evolutivo, a aprendizagem e o desenvolvimento da alma[(D)] aceleram-se geometricamente, ou seja, não pela razão da adição, mas do produto.

A evolução da alma[(D)] de prata já não se dá pelo egoísmo e pela ambição, mas pelo sacrifício, ideal de justiça e ordem que a alma introjetou: a lei. A verdadeira alma de prata é a defensora da lei. Seu dever é proteger os mais fracos e indefesos, é fazer com que a lei seja cumprida. Ela deve defender o Estado e sua ordem, expressa na lei, mesmo que para tal perca a sua vida. Assim como o verdadeiro bombeiro sacrifica, se necessário, sua vida para salvar das chamas uma criança desconhecida. Evidentemente que é mais fácil fazê-lo para defender o seu próprio filho, que afinal é uma extensão genética de nosso próprio corpo[(E4)], mas é distinto fazê-lo heroicamente por um estranho, ou morrer pela defesa de um ente ideal e abstrato como a pátria. Conta-se que certa vez houve um atropelamento terrível, e a mãe correu rapidamente para a multidão que cercava o corpo ensanguentado. Em seu desespero, ao conseguir finalmente se aproximar e ver a criança exclamou: “Graças a Deus, não é meu filho!” Mas, subitamente, envergonhou-se ao perceber a dor da criança ensanguentada, de modo que ao menos por um instante ela sentiu aquela pequena criança como se fosse seu próprio filho. Afinal, poderão as diferenças físicas do corpo[E4] separar a vida do espírito[C] que é una? Um guardião, como Platão também chama as almas[D] de prata, é capaz de dar a vida por um estranho, pela lei, por ideal, por uma causa que entenda justa. Seu sentido de eu já transcende a mera identificação pelo próprio corpo[E4] e pela família, que afinal é sua continuidade consanguínea. Ele se identifica com o Estado, a lei, a justiça, a nação, a comunidade. Seu *dharma* é o desenvolvimento da coragem, do valor, da intrepidez, do heroísmo, de ser capaz de morrer pelo dever. Seu trabalho é proteger o que lhe está confiado contra qualquer agressão exterior. Caso os *dharmas* anteriores tenham sido bem cumpridos deverá ser possível cumprir o *dharma* da alma[D] de prata em, talvez, umas cinquenta encarnações, porque agora a mente[E1] já atingiu certo desenvolvimento e começa a cooperar com a lei de evolução, acelerando assim significativamente o próprio processo evolutivo. Diz o Dr. Taimni:

> “Nos estágios iniciais, essa evolução é guiada somente do exterior por hostes de agentes divinos em operação no Sistema Solar e a alma participa muito pouco do seu próprio desenvolvimento. Somente quando se aproxima o fim de sua jornada e a alma se torna consciente do propósito da grande viagem empreendida, é que começa a tomar parte cada vez mais em seu próprio crescimento e desenvolvimento – os últimos estágios deste desenvolvimento são quase que exclusivamente guiados do interior para o exterior”[24].

Tal é particularmente a situação da genuína alma[D] de ouro. Se a alma[D] de prata realmente aprendeu a morrer pela causa, deve agora ser possível transmutar-se em alma[D] de ouro e cumprir seu *dharma* de aprender a viver pela causa, morrendo diariamente para o seu eu pessoal[E] em favor da humanidade. Tal é o desejo predominante da alma[D] de ouro: servir à humanidade. Neste estágio já predomina a qualidade *sattvica,* ou de ritmo e harmonia.

Encontra-se aqui uma diferença sutil, pois enquanto a alma[(D)] de prata tende a ser algo fanática ou rígida em relação aos princípios de seu país, sua religião etc., a alma[(D)] de ouro já deverá ter desenvolvido uma percepção mais universal e interior da lei. Em defesa de seus princípios, a alma[(D)] de prata pode ainda incidir na intolerância e na guerra, na defesa do seu país, sua ideologia ou religião contra os outros. Não se espera isso de uma alma[(D)] de ouro. Seu *dharma* é a Sabedoria, a doçura, a piedade, a pureza e o perdão. Já deve desenvolver simpatia e compaixão por todas as criaturas. Ela aproxima-se da santidade e da paz espiritual.

Cabe agora a pergunta feita pelo Dr. Taimni:

> "De onde vem esse verdadeiro sentimento de simpatia, esse sentimento de afinidade com todos os seres humanos? Não do intelecto[(E1)] que é a própria fonte das tendências separativas e egoístas. A verdade é que quando o veículo *búdico*[(D2)] está suficientemente desenvolvido, e o Ego [ou Eu Superior[(D)], N.E.] está perceptivo à unidade da Vida no plano *búdico* (δ), esse conhecimento se infiltra na consciência inferior[(E)] e aí aparecem como simpatia e ternura por todas as criaturas vivas, duas qualidades notavelmente características de todos os santos e sábios"[25].

> "São pessoas que não podem sentir-se felizes com a satisfação de suas necessidades individuais, e sua natureza interior se recusa a ficar satisfeita enquanto a necessidade daqueles que estão em torno não for preenchida. Quando veem que outros sofrem, sofrem, até certo ponto, juntas... A verdadeira simpatia e a profunda preocupação com o bem-estar dos outros não deve ser confundida com as concepções puramente ideológicas da fraternidade baseadas somente no intelecto[(E1)]. Vemos estas concepções encontrarem expressão no mundo moderno nos mais terríveis conflitos, associados com crueldade e insensibilidade de natureza mais bárbara"[26].

Uma alma[(D)] de ouro começa a compreender que a causa do mal é a falta de percepção da luz da unidade espiritual. O esquecimento ou falta da percepção de nossa verdadeira essência *(Avidyā)* e a consequente identificação artificial com o eu ilusório *(Asmita)*, separativo ou personalidade[(E)], que gera o orgulho, são os nossos verdadeiros problemas. Infelizmente, remover o egoísmo não é tão fácil quanto suprir as necessidades básicas do corpo[(E4)]. Conforme considerava o jovem Krishnamurti:

> "Alimentar os pobres é uma boa obra, nobre e útil; porém alimentar suas as almas é ainda mais nobre e mais útil do que alimentar seus corpos. Qualquer homem rico pode alimentar o corpo, mas somente aqueles que sabem podem alimentar a alma. Se tu sabes, é teu dever auxiliar outros a saber"[27].

Por esses e outros motivos, Platão considerava que cabia às almas[(D)] de ouro governar o Estado, de modo que fôssemos governados pela nossa melhor parte, ou seja, pelos mais sábios. Sua proposta de seleção natural destes é simples: restringir os privilégios dos governantes de modo que somente as almas[(D)] de ouro mais altruístas suportem, por amor à causa, o fardo de governar em tais condições. Tal proposta, apesar de lógica, não se encontra em nenhuma das ideologias vigentes que, unanimemente, cobrem de privilégios seus governantes e sempre foi considerada utópica porque falta à maioria dos homens uma percepção de sua verdadeira natureza[(C)] áurea, que, todavia, frequentemente está soterrada por metais mais vis.

Como dizia a Dra. Radha Burnier, atual Presidente Internacional da Sociedade Teosófica:

> "Uma sociedade nobre não pode ser construída, nem a sabedoria pode ser encontrada, da noite para o dia. O hábito tem poderosa influência sobre a mente humana, e por isso esta prefere a confusão e a dor de viver sem sabedoria ao trabalho de avançar até ela. Muitas pessoas sentem que uma mudança fundamental é inalcançável e, assim, tornam-na impossível para si mesmas. Uma nova energia varrerá para longe as "teias de aranha" da sociedade se, pelo menos, umas poucas pessoas forem suficientemente audazes para abrir caminho em uma nova direção – a da sabedoria – e viver de modo diferente. Então, outros verão que o que eles consideravam impossível foi de fato alcançado, e também irão seguir a nova direção"[28].

É extremamente importante compreender que o propósito da vida humana não é meramente viver uma vida animal, sonolenta e passivamente acomodada em seus instintos, ou ansiosamente governada pela ambição de satisfazer-se com a riqueza e o poder materiais. Precisamos despertar dessa sonolência passiva e compreender o propósito da vida, que é a evolução, pois o nosso *dharma*, como seres humanos, é a perfeição e a maestria sobre nosso corpo[(E4)], emoções[(E2)] e mente[(E1)], de modo que, cedo ou tarde, teremos de tomar nosso destino em nossas próprias mãos. Ninguém poderá nos salvar se nós não fizermos isso por nós mesmos. O ser humano é autoconsciente e, dessa forma, seu *dharma* é cooperar conscientemente com o plano evolutivo, tendo, para tanto, que compreender esse plano com a mente[(E1)] que desenvolveu tão laboriosamente ao longo de tantas reencarnações através de todos os diversos reinos.

Assim, a terceira proposição do proêmio de *A Doutrina Secreta* afirma:

> "A identidade fundamental de todas as Almas com a Alma Suprema Universal[(B3)], sendo esta última um aspecto da Raiz Desconhecida[(A)]; e a peregrinação obrigatória para todas as Almas, centelhas daquela Alma Suprema, através do Ciclo de Encarnação, ou de Necessidade, durante todo esse período. Em outras palavras: nenhum *Buddhi* puramente espiritual (Alma Divina)[(D2)] pode ter uma existência consciente independente, antes que a centelha[(C)], emanada da Essência pura do Sexto Princípio Universal[(B3)] – ou seja, da ALMA SUPREMA – haja passado por todas as formas elementais pertencentes ao mundo fenomenal do *Manvantara,* e adquirido a individualidade[(D)], primeiro por impulso natural e depois à custa dos próprios esforços, conscientemente dirigidos e regulados pelo *karma,* escalando assim todos os graus de inteligência, desde o *manas* inferior[(E1)] até o *Manas* superior[(D3)]; desde o mineral e a *planta* ao Arcanjo mais sublime (*Dhyāni-Buddha*). A Doutrina axial da Filosofia Esotérica não admite a outorga de privilégios nem de dons especiais ao homem, salvo aqueles que forem conquistados pelo próprio Ego[(D)] com o seu esforço e mérito pessoal, ao longo de uma série de metempsicoses e reencarnações"[29].

Em síntese, tal proposição significa que a Mônada[(C)] é feita à imagem e semelhança da Divindade, sendo um *Logos*[(B)] em potencial, e que imerge na matéria para criar uma base física [início do que será mais tarde um corpo físico[E4]] durante o reino mineral, a partir da qual formará um organismo durante o reino vegetal, especializando um duplo etérico[E3] e iniciando alguma atividade emocional no corpo astral[E2]. Cada reino destes representa um esforço evolutivo dolorosamente lento de bilhões de anos. No reino animal desenvolver-se-ão as emoções no corpo astral[E2] e iniciar-se-ão as atividades do corpo mental[E1]. O reino humano principia quando a Mônada consegue iniciar sua atividade autoconsciente através da formação do corpo mental superior ou causal[D3].

Precisará, então, despertar a consciência[C] de modo a desenvolver o conhecimento de cada um de seus veículos até atingir a sua perfeição ou maestria. Como dizia o jovem Krishnamurti:

> "Não confundas os teus corpos contigo mesmo – nem o corpo físico, nem o astral, nem o mental. Cada um deles pretende ser o Ego, [Eu Superior. R. L.] para obter o que deseja. Precisas, porém, conhecê-los todos, e conhecer-te a ti mesmo como senhor deles"[30].

Assim, enquanto alma[D] de ferro encontra-se ainda muito identificada com o corpo físico[E4], já sente intensamente os desejos e as emoções do corpo astral[E2], enquanto a mente[E1] é pouco desenvolvida.

Quando se transmuta em alma de bronze já consegue controlar algo do corpo físico[E4], está identificada com a alma apetitiva ou corpo astral[E2], sendo ainda impulsionada predominantemente pelas emoções e pelos desejos, mas já os orienta pela mente inferior[E1] que ordena as suas ambições; essas, por sua vez, estimulam o desenvolvimento da mente inferior[E1]. Até aqui, portanto, predominam os veículos do quaternário inferior[E], pessoal e egocêntrico.

Mudança significativa ocorre no estágio seguinte: o da alma[D] de prata. Começa a entrar em atividade mais significativa o corpo causal[D3], ou alma inteligível de Platão, de modo que sua vida já é algo orientada por princípios que transcendem a personalidade[E], que principia a ser influenciada pelo Eu Superior[D]. Assim, embora a mente inferior[E1], ou alma irascível, ainda seja o centro de identificação e já esteja bem desenvolvida, as emoções do corpo astral(E2) já estão razoavelmente sob controle da mente, e desperta-se uma consciência mais civilizada e altruísta pelo estímulo do corpo causal(D3), capaz de seguir leis abstratas ou princípios.

Quando, porém, se transmuta em alma(D) de ouro, o corpo causal(D3) principia a dominar a personalidade(E), tornando-se um ponto de identificação, que já é inspirado por uma incipiente percepção da unidade da vida pelo princípio *búdico*(D2).

Se os *dharmas* anteriores foram bem cumpridos é possível vencer este estágio talvez em umas vinte reencarnações e despertar o veículo *búdico*(D2) quando a alma(D) se santifica e tem início a Senda Espiritual propriamente dita, que culmina na perfeição humana ao longo de mais umas sete reencarnações em média. Esse tema dos estágios da Senda Espiritual será melhor detalhado no capítulo VIII.

É fundamental perceber que uma verdadeira compreensão do processo evolutivo do *dharma* deveria despertar em nós as virtudes da paciência e da tolerância, porque dela surge também a compreensão de que cada estágio evolutivo tem o seu lugar apropriado na economia da Natureza. Como considera a Dra. Annie Besant:

> "Se não pudermos fazer grandes coisas, que façamos pequenas coisas perfeitamente, pois a perfeição jaz na perfeição de cada detalhe e não no tamanho do ato. Não há nada grande, nem nada pequeno do ponto de vista do Ser. O ato do Rei, cuja vontade molda uma nação, não é maior do ponto de vista do Ser que o ato da mãe ao afagar uma criança chorando. Cada um é necessário, é parte da Divina atividade. Porque é necessário, ele é grande em seu próprio lugar, e o todo, não qualquer uma das partes, é a vida do Ser. Ela é como um imenso mosaico, e cada fragmento que não esteja no seu lugar próprio provoca uma mancha na perfeição do todo. Nossas vidas são perfeitas à medida que preenchem a lacuna no grande mosaico, e se deixarmos de fazer nosso trabalho enquanto ansiamos por outro, dois lugares podem ficar vazios, e o todo mal feito"[31]. "Sofrimentos de toda classe decorrem quando o fruto é colhido antes de estar maduro... Pode-se julgar o progresso de um homem por sua boa vontade de trabalhar com a Natureza e submeter-se à Lei ... Isso explica porque a moralidade é algo relativo,

porque o dever tem de diferir para cada alma de acordo com o estágio de sua evolução"[32].

Assim, é pelo cumprimento o mais perfeito possível do *dharma* do nosso estágio evolutivo, ou seja, pelo atingimento de uma perfeição relativa ao nosso *dharma,* que, etapa por etapa, nos aproximamos com mais segurança do estágio de homem perfeito ou *Mahātmā*, onde o princípio de *ātmā*[(D1)] já está magistralmente desenvolvido.

Todavia, é importante ressaltar que no estágio da alma de ouro já não é mais suficiente seguir apenas regras e leis externas ao indivíduo ou meramente convencionais. É preciso que se desperte uma percepção interior da própria lei de evolução e da lei do *karma* no interior do próprio aspirante.

A esse respeito, Dr. Taimni comenta:

> "Um roteiro de ação indicado pela sabedoria além de ser seguido invariavelmente pela ação certa, é isento de hesitação ou pesar, mesmo que, no momento, a ação resulte em perda, desconforto ou sofrimento, por causa da plena certeza de reverter em nosso benefício, com o correr do tempo, aquilo que é correto"[33].

"Pela palavra retidão não quero dizer um Código de Conduta, baseado em qualquer religião ou ideologia, mas o hábito constante de praticar naturalmente, sem esforço ou luta, aquilo que consideramos certo tanto quanto possamos ver"[34]. "Sempre que fazemos o que consideramos correto, sem levar em conta as consequências que podem acarretar-nos, purificamos um pouco a nossa mente, e a luz de *buddhi* brilha um pouco mais através dela"[35]. "Sempre que nos sentimos incapazes de traduzir em ação o que desejamos fazer, há seguramente uma dúvida oculta no recôndito de nossa mente, embora não a percebamos. Não é tanto uma questão de força de vontade, quanto de percepção correta e clara. Não requer muita força de vontade abster-se alguém de tomar qualquer coisa que saiba conter veneno"[36].

Assim, quando o homem aprende a agir somente segundo *nishkāmakarma,* ou seja, agindo sem buscar recompensa pessoal, fazendo o bem pelo bem, o justo pelo justo, o belo pelo belo etc., ele sacrifica o seu ego inferior[(E)] e se santifica. Seu desejo dominante passa a ser o de reunir a vontade pessoal à Vontade do Supremo[(B)]. Sobre tal desejo de se unir com Deus[(B)], dizia o jovem Krishnamurti em *Aos Pés do Mestre:*

"Na vida diária isto significa duas coisas: primeira, que deves ser cuidadoso para não causar dor a nenhum ser vivo; e segunda, que deves estar sempre vigiando por uma oportunidade de prestar auxílio"[37].

O homem que realmente aspira identificar-se com a vontade do Supremo[(B)], entra para a Senda, ressuscita em espírito e nasce para a Vida Eterna.

Em síntese, poder-se-ia considerar novamente que, na média, necessita-se de 700 vidas, desde uma condição animal, para civilizar-se, ou seja, para introjetar a lei humana e compreender realmente que o crime não compensa; mais 70 vidas para compreender a lei do *karma,* ou lei divina, aprendendo a dar de si sem esperar pela recompensa, o que santifica o homem, colocando-o no início da Senda de Perfeição.

Duas definições clássicas desta Senda acelerada de Despertar Espiritual podem ser aqui acrescentadas. Primeiramente a de Geoffrey Hodson:

"Desde que o homem é um ser autoconsciente, ele possui o poder de submeter-se a um processo de estimulação para o amadurecimento espiritual, para uma auto-aceleração. Ele pode apressar a realização de sua meta, através da aplicação deliberada, numa forma intensificada, dos princípios que governam o crescimento normal"[38].

Segue a do jovem Krishnamurti em *Aos Pés do Mestre:*

"Entras na Senda porque aprendeste que somente nela se podem encontrar as coisas merecedoras de aquisição. Os homens que não sabem, trabalham para adquirir a riqueza e o poder, porém estes bens são quando muito para uma vida somente e, portanto, irreais. Há coisas maiores do que essas – coisas reais e duradouras; quando as tiveres visto uma vez, não mais desejarás as outras... Pois

Deus[(B)] tem um plano, e esse plano é a evolução. Quando o homem o tiver visto uma vez, e realmente o conhecer, não poderá deixar de cooperar com ele, tornando-se uno com ele, por ser tão glorioso e tão belo... Tu deves estudar profundamente as leis ocultas da Natureza, e quando as conheceres organiza a tua vida de acordo com elas, utilizando sempre a razão e o bom-senso... Estuda, então, mas estuda em primeiro lugar aquilo que mais te habilite a auxiliar os outros... porque somente os homens sábios podem ser sabiamente úteis. Por muito que desejes auxiliar, enquanto fores ignorante poderás fazer mais mal do que bem"[39].

Assim, o santo tem ainda 7 vidas para compreender tão bem a lei da Evolução, a ponto de tornar-se uno com ela, atingindo o Adeptado ou Perfeição Humana. Como teria dito certa vez um Mestre:

> "Temos que combater em nossas próprias batalhas e o adágio familiar 'o Adepto *torna-se tal*, não é *feito*', é literalmente verdadeiro"[40].

QUESTÕES PARA ESTUDO DIRIGIDO:

1) O que é o Absoluto[(A)]?
2) O que é o *Logos*[(B)]?
3) Como manifesta-se a ciclicidade do Universo?
4) O que é *dharma?*
5) Qual é o *dharma* ou propósito evolutivo de cada reino da Natureza?
6) O que é individualização?
7) Qual a relação entre *dharma* e fraternidade?
8) Qual é a principal regra em *A República* de Platão?
9) O que caracteriza uma alma genuinamente civilizada?
10) O que caracteriza uma alma que realmente ingressou na Senda Espiritual?

BIBLIOGRAFIA RECOMENDADA:

BESANT, Annie. *Dharma.* São Paulo, Pensamento, s. d.

JINARAJADASA, C. *Fundamentos da Teosofia.* São Paulo, Pensamento.

BLAVATSKY, H.P. *Fundamentos da Filosofia Esotérica.* Brasília, Ed. Teosófica, 1991.

TAIMNI, I.K. *Autocultura,* à Luz do Ocultismo. Brasília, Ed. Teosofica, 1997.

__________. *0 Homem, Deus e o Universo.* São Paulo, Pensamento, 1989.

LEADBEATER, C.W. *A Gnose Cristã.* Brasília, Ed. Teosófica, 1994. 252p.

BLAVATSKY, H.P. *A Doutrina Secreta.* São Paulo, Pensamento, 1980.

REFERÊNCIAS BIBLIOGRÁFICAS:

1) DARWIN, Charles. *A Origem das Espécies.* São Paulo, Hemus, 1981. p. 453.

2) WICKRAMASINGHE, Nalin Chandra. E se a Vida Veio do Espaço? *Logos.* Rio de Janeiro, 10:37-43, mar./abr. 1983, p. 42. [compilado de *O Correio da Unesco,* nº 7, julho, 1982]

3) Ibidem, p. 42.

4) HODSON, Geoffrey. *O Reino dos Deuses.* Porto Alegre, FEEU, 1967. p. 16.

5) KRISHNAMURTI, J. *Aos Pés do Mestre.* Brasília, Ed. Teosófica, 1999. p. 16-7. [§02]

6) BLAVATSKY, H.P. *A Doutrina Secreta.* São Paulo, Pensamento, 1980, v. 1, p. 81.

7)) LEADBEATER, C.W. *A Gnose Cristã.* Brasília, Ed. Teosófica, 1994. p. 35-6.

8) THE HOLY Bible. [King James Version, 1611.] New York, American Bible Society, 1980. *Acts* XVII; 28. [*Atos* XVII; 28]

9) BHAGAVAD Gitā. Trad. Annie Besant. Brasília, Ed. Teosófica, 2010, p. 187-8. [st. X; 36]

10) CARTAS dos Mahatmas para A.P.Sinnett. Brasília, Ed. Teosófica, 2001. v. 2, p. 60.

11) BHAGAVAD, *op. cit.*, p. 189 [st. X; 42]

12) BLAVATSKY, H.P. *Fundamentos da Filosofia Esotérica.* Brasília, Ed. Teosófica, 1991, p. 84.

13) KOKO: a gorila que fala. *Correio do Povo.* Porto Alegre, 13 mai. 1979.

14) THE HOLY, *op. cit.*, (Mateus XXV; 40).

15) PLATÃO. *Diálogos,* A República. Rio de Janeiro, Edições de Ouro, s. d. p. 128.[§ 415b]

16) Ibidem, p. 128. .[§ 415a-b]

17) Ibidem, p. 128. .[§ 415c]

18) TAIMNI, I.K. *Autocultura;* À Luz do Ocultismo. Rio de Janeiro, Grupo Annie Besant, 1980, p. 76.

19) MONIER – WILLIAMS, Sir Monier. *A Sanskrit-English Dictionary.* Delhi, Motilal Banarsidass Publishers, 1990, p. 510.

20) BESANT, Annie. *Dharma.* Madras, The Theosophical Publishing House, 1977, p. 17.

21) Ibidem, p. 38-9.

22) Ibidem, p. 41.

23) TAIMNI, *op. cit.*, p. 122-3.

24) Ibidem, p. 123.

25) Ibidem, p. 141.

26) Ibidem, p. 141.

27) KRISHNAMURTI, *op. cit.*, p. 28-9. [§12]

28) BURNIER, Radha. On The Watch-Tower. *The Theosophist,* Madras, 3/92:83-85, dec. 1992, p. 85.

29) BLAVATSKY, H.P. *A Doutrina Secreta.* São Paulo, Pensamento, 1980, v. 1, p. 84-5.

30) KRISHNAMURTI, *op. cit.*, p. 20-1. [§05]

31) BESANT, Annie. A Vida Teosófica. In: *A Doutrina do Coração.* Brasília, Ed. Teosófica, 1991, p. 90-1.

32) __________, *op. cit.* nota (20), p. 18-9.

33) TAIMNI, *op. cit.* p. 158.

34) Ibidem, p. 157.

35) Ibidem, p. 157.

36) Ibidem, p. 159.

37) KRISHNAMURTI, *op. cit.*, p. 80. [§51]

38) HODSON, Geoffrey. *Meditações Sobre a Vida Oculta.* São Paulo, Pensamento, 1984, p. 7.

39) KRISHNAMURTI, *op. cit.*, p. 15-31. [§01, §02, §10, §13]

40) MEDITAÇÕES; Excertos de Cartas dos Mestres de Sabedoria. [Comp. Katherine A. Beechey] Brasília, Ed. Teosófica, 2003. p. 139. [21/07]

Responsável por este capítulo: Ricardo Lindemann

VII

AS LEIS UNIVERSAIS

Quando observamos atentamente a Natureza, podemos perceber a ação de certos princípios reguladores de sua atividade, princípios estes que foram chamados de "leis" pelos antigos pensadores, as *leis da Natureza*, e que revelavam algo acerca de seu modo de funcionamento.

A Ciência oficial tem experimentado um progresso estupendo. Talvez, por estarmos muito habituados com as facilidades agregadas ao nosso viver pela tecnologia – filha pródiga da Ciência – não nos damos conta da extensão dos progressos realizados nos últimos cem ou duzentos anos. Progressos em todos os campos: na Medicina, na Física, na Química, na Astronomia, na Antropologia, como também em outras áreas. Mas é interessante observar que o pivô de quase todos esses progressos foi sempre a descoberta do modo como a própria Natureza opera em seus inúmeros e bastante diversificados setores. Foi precisamente a descoberta de "leis", princípios, normas de ação do ambiente natural, que permitiu à Ciência um tremendo avanço no conhecimento desse fenômeno vasto, misterioso e complexo que chamamos de vida. Vejamos alguns desses exemplos.

Através da descoberta das leis da mecânica e da eletricidade, foi possível criar todo um novo tipo de tecnologia que, hoje, aperfeiçoada, beneficia milhares de seres humanos. Pelo estudo da natureza das reações químicas entre os diferentes elementos, foi possível a obtenção de inúmeros medicamentos, úteis à saúde humana. As pesquisas astronômicas ampliaram em muito nossa concepção de mundo, fazendo-nos olhar com espanto para o ilimitado Universo que nos cerca e perguntar-nos como foi possível vigorar por tanto tempo a concepção segundo a qual nosso planeta era o centro do Universo.

É lícito, portanto, afirmar que o avanço da Ciência é diretamente proporcional a um maior conhecimento das leis que governam o Universo. Mas o que é importante e significativo é que tenhamos um conhecimento direto dessas leis e não apenas saibamos teoricamente da sua existência. O estudo sobre as leis que governam os processos naturais não é facultado apenas ao cientista em seu laboratório, mas a todo o ser humano interessado no progresso real da humanidade, progresso esse que deve conduzi-la de um estado egocêntrico e indiferente a um estado de mútua cooperação e fraternidade.

A filosofia teosófica corrobora a afirmação da Ciência oficial de que a Natureza funciona através de leis e aprofunda a questão ao afirmar que a Natureza, bem como o Universo inteiro, são expressões de leis eternas e imutáveis. O conhecimento e a adequação de nossas vidas a esses princípios fundamentais ou leis habilitam-nos a ocupar conscientemente nosso lugar no plano da Natureza e a sermos agentes beneficentes do progresso da humanidade e de todas as formas de vida.

Um grande instrutor afirmou:

> "Reconhecemos apenas uma lei no Universo, a lei da harmonia, de perfeito EQUILÍBRIO"[1].

Para a visão de mundo comum, o Universo pode até parecer um "conglomerado fortuito de átomos", mas não para a percepção espiritualmente iluminada. Os sábios e místicos de todas as culturas têm dado o testemunho da profunda harmonia inerente aos processos da vida. Portanto, todas as outras "leis" que mencionamos são manifestações dessa lei fundamental de perfeito equilíbrio e harmonia.

Vejamos quais são as expressões dessa lei fundamental:

1 – A LEI DE PERIODICIDADE – Para cada período de atividade, há um consequente intervalo de repouso, e podemos confirmar isto na Natureza como dia e noite, o fluxo das marés, os processos de sono e vigília, nascimento e morte. Esta lei garante uma constante renovação em toda a vida, desde uma célula até as galáxias mais distantes. Ela evidencia o ritmo existente no Universo inteiro. Após um período de atividade deve. necessariamente seguir-se um período de repouso, garantindo o equilíbrio do todo.

Esta lei revela a existência de ciclos universais, ciclos menores e ciclos maiores, como expressões de uma contínua renovação.

Nos *Upanishads,* os antigos textos sagrados da Índia, existe expressa a ideia dos *Manvantaras,* literalmente "períodos de atividade", seguidos dos *Pralayas,* "períodos de repouso". Para termos uma ideia *da* impressionante extensão de um *Manvantara,* ou período de atividade solar, reportamo-nos às antigas Escrituras hindus que afirmam ser a Idade de *Brahmā*[(B3)] constituída de 311.040.000.000.000 de anos, também conhecida como o Grande Dia. A Grande Noite – o *Mahāpralaya* – é um período de igual extensão. Dentro desses ciclos maiores existem outros menores, mas todos expressam plenamente o princípio de periodicidade que caracteriza essa lei.

2 – A LEI DE AJUSTE – Em todo o processo natural, sempre que uma perturbação ocorre, um ajuste deve ser produzido, a fim de garantir o equilíbrio do todo. A Lei de Ajuste também é conhecida como lei do *karma*, uma palavra sânscrita que significa *ação.* É considerada, na filosofia teosófica, como uma das leis universais fundamentais[2].

Vemos o sofrimento por toda a parte e não o compreendemos. O ensinamento fundamental desta lei está expresso numa das mais significativas passagens do pensamento teosófico:

> "Cada homem é seu próprio absoluto legislador, o dispensador de glória ou trevas para si mesmo; o decretador de sua vida, sua recompensa, sua punição"[3].

Enquanto predomina em nós a ignorância, nossas ações tendem a trazer sofrimento a nós mesmos e aos demais. O homem, por não estar consciente do íntimo inter-relacionamento inerente aos processos da vida, manifestado na harmonia que podemos encontrar no seio da Natureza, age violando essa totalidade, destruindo o ambiente natural, maltratando os animais e estando em conflito com seus semelhantes, muitas vezes usando-os para a satisfação de suas ambições e de sua sede de gratificação. Todo esse modo de ação e conduta tem sua raiz numa visão egocêntrica da vida e de seus relacionamentos. Portanto, cada ação produzida nesse estado gera mais dor, conflito, sofrimento.

O sentido essencial da Lei de Ajuste – também chamada muito apropriadamente de Lei de Harmonia Universal – revela o princípio da responsabilidade, ou seja, precisamos tornar-nos responsáveis perante o mundo, perante a totalidade da vida. Então, cada ação torna-se significativa, cuidadosa, pois sabemos que ela afeta o mundo, as pessoas, podendo colaborar para a elevação e o crescimento espiritual de todos ou, ao contrário, degradando ainda mais a já triste condição humana.

Sobre esse particular, há uma bela passagem da obra de N. Sri Ram, um destacado pensador teosófico:

> "Quanto menos usarmos o mundo para nossos próprios propósitos e dependermos dele como um parasita mais seremos capazes de simpatizar com aqueles que estão nele e auxiliá-los em suas lutas"[4].

Temos de emergir do estado sufocante de egocentrismo e importância pessoal e perceber a vastidão da vida em toda sua beleza, sua liberdade ilimitada, seu profundo propósito. Assim despertamos para nossa responsabilidade para com o mundo, prontos a colaborar com todas as nossas energias para a construção de um mundo belo, justo e fraterno para todos.

3 – A LEI DE AUTOEXPANSÃO ou Lei de Evolução – Uma observação atenta da Natureza revela-nos a existência dessa lei, também central à filosofia teosófica. A vida sempre está em busca de novas formas pelas quais expressar-se. Embora a Ciência moderna afirme que a evolução é meramente a questão da sobrevivência do mais apto, ou seja, a constante luta dos seres vivos em adaptar-se ao meio ambiente e às suas demandas, a filosofia teosófica sustenta que, por detrás das formas, dos organismos vivos, há uma consciência buscando expressar-se. Nas formas mais rudimentares de vida, essa consciência é dificilmente percebida, como no caso de uma pedra. Mas, nos organismos mais complexos, a cons-

ciência é claramente perceptível. A sensibilidade das plantas desde há algum tempo vem sendo discutida e comprovada, tendo o trabalho de Cleve Backster sido pioneiro nesse campo.

Os experimentos também têm evidenciado a inteligência operando em diversas espécies animais, como golfinhos, cachorros, cavalos, entre outros. No ser humano, a consciência[(C)] dá mais um passo significativo, quando alcança a autoconsciência[(D)]. Mesmo no estágio humano, há ainda um longo trajeto a percorrer, podendo a consciência[(C)] desabrochar plena e livremente, gerando seres humanos da estatura de Buddha, Jesus Cristo, flores da raça humana, cujo perfume ainda alenta a humanidade em sua árdua jornada ao encontro de si mesma.

O princípio fundamental que essa Lei expõe é o de que a vida interior, presente em todas as coisas, busca expressar-se, expandir-se. O que é implícito tende a tornar-se explícito.

O mundo de hoje testemunha um fato curioso e ao mesmo tempo de dimensões preocupantes: o crescente interesse de milhares de pessoas pelo "oculto", pelos poderes psíquicos, percepções extrasensoriais e coisas relacionadas com outras dimensões da existência. Um sem número de livros oferecem técnicas de poder mental, "viagens astrais", entre outras coisas.

A filosofia teosófica sustenta o princípio de que são inerentes à consciência[(C)] inúmeras potencialidades. Mas a visão teosófica da constituição humana é ampla e profunda, afirmando, conforme as antigas tradições filosófico-religiosas, que, além de uma natureza psíquica, o homem também possui uma natureza genuinamente espiritual, incorruptível, pura, fonte da verdadeira criatividade e das mais elevadas virtudes, tais como a compaixão, a sabedoria, o altruísmo e a dedicação a ideais elevados.

O terceiro objetivo da Sociedade Teosófica propõe "investigar as leis não explicadas da Natureza e os poderes latentes no homem". Por "poderes latentes" não devemos entender o mero desenvolvimento da clarividência ou a capacidade de projeção no corpo astral. Há indivíduos que possuem tais dons e não são melhores por isso, chegando ao ponto de explorar inescrupulosamente seus semelhantes pelo uso de tais faculdades, promovendo *shows* e coisas do tipo.

A genuína investigação é um processo de descoberta daquilo que jaz oculto nas profundidades de nossa própria consciência[(C)], que é justamente a consciência pura, incondicionada, livre, capaz de revelar no campo da existência as mais elevadas qualidades, tais como a beleza, a sabedoria e o amor. Dentro de cada ser existe essa perfeição a ser manifestada e a evolução é esse processo de florescimento do rico potencial latente em todas as formas de vida.

4 – A LEI DE COMPAIXÃO – Uma pergunta se impõe aqui: para onde conduz o crescimento em sabedoria? Existem sábios sobre a Terra? A filosofia teosófica afirma que a essência da sabedoria é compaixão. O homem verdadeiramente sábio é aquele que rompeu os grilhões do egocentrismo e preocupação pessoal e que se dedica, de forma completa, ao auxílio de seus semelhantes.

É interessante notar que a história fornece-nos repetida evidência desse fato. Inúmeros foram os homens e as mulheres que, quanto mais cresciam em sabedoria, mais expressavam em suas vidas um irrestrito amor pela humanidade.

A moderna literatura teosófica trouxe novamente à atenção do mundo esse princípio fundamental: há um caminho que conduz à libertação da ignorância, à plenitude da sabedoria e da paz, e o móvel propulsor dessa jornada é o serviço altruísta aos nossos semelhantes. Buddha, Jesus Cristo, São João da Cruz, Santa Tereza de Ávila, Śankara e tantos outros são exemplos claros de que a compaixão é uma lei fundamental da vida.

Há uma analogia que pode aqui ser aplicada. Da mesma forma que todos os planetas do sistema solar têm no Sol sua fonte de vida e força, encontrando nele a energia necessária para o seu desenvolvimento, assim também aquelas pessoas que se elevaram para além da escuridão da ignorância e do egoísmo são como um radiante Sol espiritual, auxiliando o crescimento e desenvolvimento da semente espiritual latente em cada pessoa. O testemunho dos discípulos dos grandes instrutores espirituais da humanidade é unânime em afirmar que em sua presença sentia-se claramente manifesta a perfeição interior, beleza, retidão e amor. Ou, como disse Sri Madhava Ashish, citando um amigo de seu instrutor:

> "Para mim, ele era a prova tangível do intangível"[5].

É lícito afirmar, portanto, que quanto maior o crescimento em sabedoria, maior é a certeza da unidade da vida. Nossa percepção sensorial nos evidencia a multiplicidade de eventos e coisas, mas nas profundezas da consciência[(C)] apenas uma verdade permanece: a unidade da vida, a unidade fundamental de toda a existência. O que aqui para nós é um conceito, para os verdadeiramente sábios é uma realidade, descoberta no mais íntimo de sua consciência[(C)]. E o altruísmo e a compaixão, que eles manifestam em suas vidas, surgem dessa percepção genuinamente espiritual.

Tivemos aqui a apresentação de alguns princípios fundamentais, inerentes à filosofia teosófica. Como foi dito anteriormente, a moderna literatura teosófica não reivindica a autoria desses princípios e leis, mas simplesmente a reapresentação, em linguagem atual, daqueles antigos conceitos fundamentais que faziam parte das tradições filosófico-religiosas de várias culturas, tais como a egípcia, a hindu, a tibetana, entre outras.

À medida que o estudante avança em seu estudo, compreenderá mais claramente o papel vital dos princípios e das leis aqui expostos no contexto global da visão de mundo teosófica, como também se defrontará com outros princípios de importância, que apenas não foram aqui inseridos para não tornar demasiado extenso o presente trabalho.

PERGUNTAS:

1) Qual é uma das causas principais do progresso da Ciência oficial?
2) Qual é, segundo a filosofia teosófica, a lei universal fundamental?
3) Qual o valor prático do conhecimento das leis naturais?
4) Qual é, segundo suas palavras, o significado da lei de ajuste?

5) Qual a diferença entre a visão científica e a teosófica da lei de evolução?

BIBLIOGRAFIA RECOMENDADA:

BESANT, Annie. *Karma.* S. Paulo, Pensamento, 1984.

__________ *Dharma.* S. Paulo, Pensamento, s. d.

HANSON, Virginia et alii. *Karma;* A Lei Universal da Harmonia. S. Paulo, Pensamento, 1985.

BESANT, Annie. *A Sabedoria Antiga.* Brasília, Ed. Teosófica, 2003.

BESANT, Annie. *As Leis do Caminho Espiritual.* Brasília, Ed. Teosófica, 2011

REFERÊNCIAS:

1) THE MAHATMA Letters to A.P. Sinnett. Madras, The Theosophical Publishing House, 1972, p. 137.

2) Muitas das ideias aqui apresentadas foram extraídas do livro *The Divine Plane,* de BARBORKA, Geoffrey. Madras, T. P. H., 1980.

3) COLLINS, Mabel. *O Idílio do Lótus Branco.* Brasília, Ed. Teosófica, 2000. p. 111

4) RAM, N. Sri. *Thoughts for Aspirants.* Madras, T. P. H., 1957.

5) PREM, Sri Krishna & ASHISH, Sri Madhava. *Man, the Measure of All Things.* Londres, T. P. H., 1969, p. 11.

Responsável por este capítulo: Pedro Oliveira

VIII

O CAMINHO DA ESPIRITUALIDADE

Há uma bela e significativa passagem no *Evangelho segundo Mateus* que transcrevemos aqui. Trata sobre um jovem que questiona Jesus acerca da vida eterna.

> "Aí alguém se aproximou dele e disse: 'Mestre, que farei de bom para ter a vida eterna?' Respondeu: 'Por que me perguntas sobre o que é bom? O Bom é um só. Mas se queres entrar para a Vida, guarda os mandamentos'.... Disse-lhe então o moço: Tudo isso tenho guardado. Que me falta ainda?' Jesus lhe respondeu: 'Se queres ser perfeito, vai, vende os teus bens e dá aos pobres, e terás um tesouro nos céus. Depois vem e segue-me'. O moço, ouvindo essas palavras, saiu pesaroso, pois era possuidor de muitas propriedades"[1].

A passagem revela que há algo além da mera observância de normas externas de conduta. Muito embora os mandamentos se constituam em diretrizes éticas a serem observadas por todos, para os que desejam ir mais além há outros tipos de pré-requisitos.

Em todas as grandes tradições religiosas, podemos encontrar dois níveis de ensinamento: um exotérico, público, destinado à grande maioria das pessoas; e o outro esotérico, interior, revelado somente àqueles que se preparam para recebê-lo. Decorre daí o fato de que o segundo tipo de ensinamento é muito mais exigente para com o aspirante, pois implica uma radical transformação de sua vida e mente, quando ocorre a erradicação completa do egoísmo e da importância pessoal, passando o aspirante a dedicar sua vida "ao serviço de Deus através do serviço a seus semelhantes". Essa transformação radical da natureza interior do homem recebeu diversas denominações nas várias tradições. É chamada *conversão* no Cristianismo, "entrar na corrente" na tradição budista; equivale a um "novo nascimento", a uma "Iniciação", a uma nova percepção da vida e de seus relacionamentos.

As várias tradições fazem menção ao "Caminho", a Senda Espiritual, cujo trilhar conduz o aspirante da irrealidade das coisas mundanas e transitórias às coisas verdadeiras, à Realidade Eterna, ao Espírito incriado e inesgotável. Esse Caminho, ao contrário do que o nome sugere, não é algo exterior ao homem, mas consiste numa progressiva transformação de sua natureza – um movimento do egocentrismo e importância pessoal ao altruísmo e à ação de serviço ao próximo.

Tem sido dito que o começo do Caminho é um profundo questionamento, uma interrogação sobre a vida e seu significado. Uma das pérolas do pensamento hindu, *Viveka-Chūdāmani, A Joia Suprema da Sabedoria,* escrita por um genuíno instrutor espiritual, Sri Shankaracharya (Śankara), retrata bem a atitude do aspirante neste estágio. Dirigindo-se ao Instrutor, o Discípulo pergunta:

> "O que é a escravidão? Onde ela se origina? Como ela é mantida? Como ela é removida? O que é o 'não espírito'? O que é o Supremo espírito? Como se pode discernir entre eles?"[2]

O homem comum é uma presa de seus próprios hábitos e rotinas, herdados da cultura na qual vive, da tradição familiar ou religiosa a que pertence. Porque sua mente[(E1)] se acostumou a movimentar-se na superfície da existência, tornando-se condicionada e mecânica, ele não consegue dar atenção às questões mais profundas da vida. Na verdade, o hábito da desatenção e superficialidade é algo tão arraigado na mente[(E1)] humana que torna questões tão sérias e pertinentes como as expostas acima em coisas "abstratas, destituídas de valor prático". Não é à toa que a interrogação e o questionamento encontram-se no começo do Caminho, pois eles têm poder de "sacudir-nos" de nosso torpor mental, de romper com o círculo de autopreocupação em que estamos inseridos e de fazer-nos pensar detidamente sobre a vida, seu propósito e significado.

No Hinduísmo, há uma clara alusão ao Caminho Espiritual, feita através de uma figura plena de significado. Segundo esse ensinamento, existem dois movimentos fundamentais da consciência[(C)] durante o longo processo da existência manifestada. Eles são *Pravritti Marga* e *Nivritti Marga. Pravritti* é uma palavra sânscrita composta, formada de *pra,* um prefixo preposicional que significa "adiante" ou "em frente" e *vritti,* da raiz verbal *vrit,* virar, revolver, rolar[3]; *marga* significa caminho. *Nivritti* tem o significado oposto de *Pravritti; ni* é um prefixo preposicional que significa "fora de", "longe de", portanto de volta, no sentido de uma direção reversa. *Pravritti Marga* é o processo de progressiva exteriorização da consciência[(C)], de seu mergulho no mundo manifestado, da busca de experiências e, consequentemente, da sua dependência do mundo exterior na obtenção dessas experiências. Quando essa exteriorização atinge o seu ápice, começa o processo de retorno, *Nivritti Marga,* da consciência[(C)] voltada para suas próprias profundidades e sua natureza eterna, perfeita, cuja essência é bem-aventurança e verdade.

Como vimos anteriormente, o homem preso ao exterior, aos estímulos do mundo externo, move-se na superfície da existência, é condicionado, age mecanicamente, está destituído de um sentido para a existência. O questionamento e a interrogação marcam o início de seu caminho de retorno à totalidade da vida, quando ele descobre que é possível caminhar por si mesmo e que pode libertar-se do condicionamento imposto pelo mundo. A descoberta de que somos responsáveis por nossas próprias vidas é um momento singular da existência. Ela encontra-se magistralmente expressa no poema *Invictus,* de William Ernest Henley:

Em meio à noite que me envolve,
Negra como o abismo de polo a polo,
Eu agradeço quaisquer que sejam os deuses
Por minha alma inconquistável.

Na pálida garra da circunstância
Eu não estremeci nem gritei.
Sob as clavas do acaso
Minha cabeça está ensanguentada, mas ereta.

Além deste lugar de ira e lágrimas
Avulta apenas o horror da sombra
E, contudo, a ameaça dos anos
Encontra-me e encontrar-me-á destemido.

Não importa quão estreito o portal,
Quão carregado com punição o pergaminho,
Eu sou o mestre de meu destino,
Eu sou o capitão de minha alma.

Depois de ocorrer o despertar para as questões mais sérias da vida, surge a questão de como viver corretamente. Que tipo de viver conduz à Verdade, à Realização, a Deus(B)? O aspirante então se defronta com a questão das qualificações para o Caminho e elas estão dispostas em quase todas as tradições religiosas. O ponto comum a todas elas é que deve ocorrer uma profunda mudança nos hábitos mentais. Que o "pensamento precede a ação" é um antigo preceito budista. Porque na maioria de nós o pensamento é descontrolado, egocêntrico e tolo, nossas ações tendem a seguir este padrão. A mudança essencial deve originar-se no modo de pensar. E as qualificações atacam esta questão de forma direta e final.

Segundo a Vedanta, uma das seis escolas filosóficas da Índia, são quatro as qualificações para o Caminho Espiritual. Em sânscrito, elas são assim descritas: *Viveka, Vairagya, Shatsampatti* e *Mumukshutva. Viveka* significa *Discernimento* entre o irreal e o real, entre o falso e o verdadeiro, entre o útil e o inútil. *Viveka* é aquela percepção atenta que busca sempre o essencial e desvincula-se do superficial. É a falta desta percepção que faz as pessoas correrem atrás da fama, do poder, do dinheiro, crendo que tais coisas são as únicas coisas essenciais na vida. *Viveka* é aquela percepção purificada que distingue o real do ilusório e assim nos aproxima da Realidade das coisas como elas são.

Vairagya significa *Desapego*, desprendimento, ausência de interesse pessoal. Decorre, necessariamente, de *Viveka.* Quando se percebe que uma coisa é ilusória, não nos apegamos a ela. As gotas de água não se aderem às pétalas da flor de lótus. *Vairagya* implica estado interior de liberdade em relação às coisas transitórias. Não se apegando ao que é irreal e falso, a mente fica livre para investigar ainda mais profundamente acerca da vida e de seu imenso significado.

Depois vem *Shatsampatti,* as "seis joias da conduta", que delineiam os princípios de uma conduta equilibrada e harmônica. Elas são o *Domínio da Mente,* que implica prestar atenção no que se faz e não deixar a mente vaguear. "A mente é difícil de subjugar e inquieta, porem ela *pode* ser controlada pela prática constante e desapego"[4]. O estudante compreenderá, com o tempo, porque a atenção é fundamental no Caminho. A seguir, vem o *Domínio da Ação,* que implica agir com equilíbrio, sem tensão, fazendo aquilo que nos cabe. Para muitas pessoas é difícil ocupar-se de seu próprio trabalho somente, e por isso estão constantemente se intrometendo no trabalho alheio, causando confusão e conflito. Uma vez que nosso pensamento foi dominado, a ação seguirá seu curso, com harmonia e responsabilidade.

Tolerância é a próxima qualidade, decorrente das anteriores. Como não possuímos o hábito da autocrítica e auto-observação, o caminho mais fácil é culparmos os outros pelas nossas falhas e fracassos. Tolerância significa aceitarmos os outros como eles são e procurarmos viver sempre em harmonia com nossos semelhantes. Mais uma vez a atenção é aqui de grande importância.

A outra qualidade é o *Contentamento,* que implica total aceitação do que vem a nós, sem rancor nem reserva mental de nenhuma espécie. Uma vez que o homem comum não se dá o trabalho de compreender a vida e sua existência, ele tende sempre a reagir ao que lhe ocorre. *Contentamento* significa que sabemos que a Lei é sábia e que os problemas que enfrentamos são apenas um retorno de ações passadas praticadas por nós mesmos. Uma atitude de *Contentamento* tranquiliza a mente e torna o viver mais fácil.

Também necessitamos de *Unidirecionalidade* ou perseverança, uma forte disposição interior que nos auxilia a suportar as agruras do Caminho. Se percebemos que trilhar o Caminho é supremamente importante, esta percepção deverá instalar em nós uma firme resolução de trilhá-lo até o fim.

Por fim vem a *Confiança,* confiança na Lei e em sua sabedoria e confiança no Instrutor que está sempre pronto a auxiliar o aspirante que se tornou digno de ser auxiliado. Nos períodos de extremas dificuldades e provas, a luz da confiança na Lei e no Mestre é como um bálsamo que alivia os tormentos do aspirante, renovando-lhe as forças para prosseguir no Caminho, na Senda que vale a pena ser trilhada.

A última das qualificações é *Mumukshutva*, geralmente traduzida por um "intenso desejo de liberação da Roda de nascimentos e mortes", e um desejo de "união com o Supremo". O livro *Aos Pés do Mestre*, plenamente recomendável para os interessados no assunto, apresenta-a como sendo o *Amor* e, ao contrário de outras definições rebuscadas e complexas, define-o como "ser cuidadoso para não causar dor a nenhum ser vivo; e (...) estar sempre vigiando por uma oportunidade de prestar auxílio". O livro considera que de todas as qualificações o *Amor* é a principal, pois tendo-a suficientemente desenvolvida, todas as outras virão, mas todas as outras sem o *Amor* nunca serão suficientes para levá-lo adiante na Senda. É, na verdade, um desejo de união com o Supremo, com Deus[(B)], de modo que o aspirante, por sua total entrega, torna-se um canal purificado por onde as bênçãos e a força da Divindade[(B)] possam fluir, alcançando seus semelhantes. Quanto maior é o avanço na Senda, maior o altruísmo, mais pleno e intenso é o sentimento de *Amor* por todos os seres.

Certamente não é exigida do aspirante a perfeição nessas qualificações, mas ele as deve ter incorporado em seu viver numa medida considerável. Dessa forma, quando a necessária preparação foi feita, o aspirante encontra-se pronto para a experiência crucial do Caminho, para uma profunda transformação interior conhecida pelo nome de "Iniciação".

"Iniciação" significa um novo começo, a vida numa nova direção, onde a importância pessoal cede lugar a um profundo sentimento de integração com a vida e a disposição de colocar-se a serviço da Lei que é Suprema Sabedoria e Perfeição. Em *Aos Pés do Mestre* é dito:

> "Em todo o mundo há somente duas espécies de pessoas – as que sabem e as que não sabem"[5].

Saber, aqui, significa ter consciência da existência de um Grande Plano que promove a evolução de todas as formas de vida. E o verdadeiro Iniciado é aquele que se coloca irrestritamente a serviço desse Plano, estando em comunhão com todos os outros.

São cinco os estágios (ou as iniciações) segundo o Budismo. O primeiro deles é o de *Srotapatti,* "aquele que entrou na corrente", quando se experimenta um profundo sentimento de unidade com nossos semelhantes, com o céu, as estrelas, o vento e com toda a vida. Equivale a "entrar na corrente", no fluxo que conduz à Libertação final, à plena Iluminação, à Verdade, ao Nirvana (γ). Neste estágio, o discípulo deve livrar-se do sentimento de um "eu" pessoal, da dúvida e da superstição. Estes são os grilhões que o impedem de ir adiante.

O segundo estágio é o de *Sakridagamin,* "aquele que volta ainda uma vez", e que, portanto, está próximo do fim das reencarnações compulsórias na Terra. Segundo a tradição, este é um estágio perigoso no desenvolvimento do discípulo, pois aqui ocorre o despertar de suas faculdades latentes, os *siddhis,* os extraordinários poderes inerentes à consciência[(C)]. O aspirante deve exercer um grande autocontrole para não cair vítima da arrogância e de sentir-se superior a seus semelhantes.

Depois surge o estágio de *Anagamin,* "aquele que não volta", quando experimenta um forte sentimento de unidade com o Supremo[(B)], mas ainda neste terceiro estágio, o discípulo deve livrar-se de dois grilhões, a saber: o "apego ao gozo da sensação, tipificado no amor terreno, bem como em toda possibilidade de ira ou ódio"[6]. Supõe-se que atingirá o próximo estágio nesta mesma vida, de modo que então estará livre da reencarnação compulsória.

O quarto estágio é o de *Arhat,* "o venerável", um profundo estado de consciência espiritual, onde é dito que o discípulo conhece o significado incomunicável da existência. Mesmo aqui há grilhões sutis a serem quebrados. São eles o apego à vida com forma, o apego à vida sem forma, o orgulho, a irritabilidade e a ignorância (*avidyā*).

Após sua longa jornada, o discípulo-aspirante alcança, finalmente, o último estágio, que corresponde ao fim da evolução humana, tornando-se um *Asekha,* "aquele que não tem mais nada a aprender". O discípulo transforma-se num Adepto ou Mestre da Sabedoria Divina e é elevado a outros níveis de trabalhos superiores existentes na imensidão da magnificência da Natureza e do Cosmo. É inútil tentar descrever aqui que trabalhos são esses. Sabe-se, porém, que uma das possibilidades do Homem Realizado é renunciar à Eterna Bem-Aventurança e permanecer como Instrutor da humanidade que tateia nas trevas. O livro *A Voz do Silêncio* descreve com beleza este estágio:

> "Agora inclina a cabeça e escuta bem, ó *Bodhisattva* – diz a Compaixão: 'Pode haver bem-aventurança quando deve sofrer tudo o que vive? Quererás salvar-te ouvindo todo o mundo chorar?'"[7]

Assim, o Adepto escolhe conscientemente a Senda da Renúncia ao Nirvana (γ), a Suprema Felicidade e Paz, para dedicar-se ao trabalho de auxiliar a humanidade em sua longa e árdua trajetória ao encontro de si mesma. Pertencem a essa estirpe todos os Instrutores Espirituais da humanidade, tais como Buddha, Cristo, Krishna, Śankara, Orfeu, Zoroastro e tantos outros, constituindo a cúpula da Comunhão de Todos os Santos, Grande Fraternidade Branca ou Governo Interno do Mundo, que reúne os Iniciados de todo o Mundo, e que é, assim, a fonte comum de inspiração de todas as religiões.

Tal é a culminância do Caminho da Espiritualidade, que começa com um sério questionamento acerca da vida e termina com o atingimento da Sabedoria cuja essência é compaixão por tudo o que sofre. A passagem a seguir expressa o sentimento vivido por um genuíno Instrutor espiritual:

> "Até que a emancipação final reabsorva o *Ego,* ele *deve* ser consciente das mais puras simpatias evocadas pelos efeitos estéticos da arte superior, suas mais ternas cordas responderem ao chamado dos mais santos e nobres apegos *humanos*. Naturalmente, quanto maior o progresso em direção à libertação, menos isto será o caso, até que, para coroar todos os sentimentos pessoais humanos e puramente individuais – laços sanguíneos e de amizade, patriotismo e predileção racial – todos darão lugar, para tornarem-se fundidos num único sentimento universal, o único verdadeiro e santo, o único 'inegoísta' e Eterno – Amor, um Imenso Amor pela humanidade – como um *Todo!* Pois é a 'Humanidade' que é a grande Órfã, a única deserdada sobre esta Terra, meu amigo."[8]

PERGUNTAS:

1) Pode-se distinguir diferentes níveis no ensinamento das grandes tradições religiosas?
2) Qual é a causa da visão superficial mantida pela grande maioria das pessoas em relação à vida?
3) O que caracteriza o começo do Caminho Espiritual?
4) Qual a mudança fundamental a ser realizada pelo aspirante à espiritualidade em sua conduta?
5) Qual o sentido da palavra "Iniciação"?

BIBLIOGRAFIA RECOMENDADA:

KRISHNAMURTI, J. *Aos Pés do Mestre.* Brasília, Ed. Teosófica, 1999.

BESANT, Annie. *O Caminho do Discipulado.* S. Paulo, Pensamento, 1984.

LEADBEATER, C. W. *Os Mestres e a Senda.* S. Paulo, Pensamento, 1977.

ŚANKARA. *Viveka-Chūdāmani;* A Jóia Suprema da Sabedoria. Brasília, Ed. Teosófica, 1992.

BESANT, Annie. *A Doutrina do Coração.* Brasília, Ed. Teosófica, 1991.

REFERÊNCIAS:

1) Mateus, XIX; 16.

2) ŚANKARA, Sri. *Viveka-Chūdāmani.* (Trad. Mohini M. Chatterji). Madras, T. P. H., 1973, p. 24.

3) BARBORKA, Geoffrey A. *The Divine Plan.* Madras, T. P. H., 1980, p. 101.

4) THE BHAGAVAD Gitā. Trad. Annie Besant. Brasília, Ed. Teosófica, 2010. p. 132. (st. VI; 35)

5) KRISHNAMURTI, Jiddu. *Aos Pés do Mestre*. Brasília, Ed. Teosófica, 1999. p. 15-6. (§02)

6) LEADBEATER, C.W. *Os Mestres e a Senda.* São Paulo, Pensamento, 1977. p. 194.

7) BLAVATSKY, H. P. *A Voz do Silêncio.* São Paulo, Pensamento, p. 90. (af. 307)

8) THE MAHATMA Letters to A. P. Sinnett. Madras, T. P. H., p. 32.

Responsável por este capítulo: Pedro Oliveira

IX

REGENERAÇÃO E O SIGNIFICADO DA VIDA

Como nós todos estamos vivos, obviamente, a vida já está em nós, portanto se temos qualquer dificuldade para saber o significado da vida, isso significa que nós não conhecemos realmente a nós mesmos, ou até mesmo que há uma distorção em nossa percepção e, portanto, nós não estamos realmente vendo o que é. Talvez essa seja a razão pela qual a reta visão ou reta percepção é o primeiro passo – de acordo com o Senhor Buddha – no Nobre Óctuplo Caminho para o Nirvana, o que significa que ninguém pode nos dizer qual é o significado da vida porque temos de vê-lo por nós mesmos. Como é dito em Cartas dos Mahatmas: "a iluminação tem de vir de dentro"[1(C)].

De fato, conforme nossa vasta literatura, seria fácil dizer que "o propósito da vida é a evolução" e encerrar a investigação, mas como o Dr. Taimni diz sabiamente em *Princípios de Trabalho da Sociedade Teosófica*:

> "É natural que nos perguntemos qual poderia ser o propósito deste poderoso e infinito esquema, e os filósofos têm especulado em vão, desde tempos imemoriais, sobre o 'porquê' do universo. O estudante de Filosofia Esotérica compreende que o conhecimento a respeito destas questões últimas* está além do alcance do intelecto humano e que, portanto, é inútil procurar por uma solução intelectual do 'porquê' da manifestação. Este Grande Mistério do universo está oculto nas profundezas da Consciência Divina e somente aqueles que podem mergulhar profundamente naquele incomensurável oceano de conhecimento podem conhecer diretamente algo deste Supremo Segredo. Mas há um aspecto deste propósito divino na manifestação que podemos ver e compreender. É que ele provê

* Caracteriza o que se denomina em sânscrito como *atipraśna*, ou seja, questão última além da compreensão do intelecto humano (N.A.).

um campo para a evolução da Vida em todos os seus diferentes estágios"[2].

Então, porque a mente racional tem suas limitações para perceber o significado da vida, nós podemos utilizar algumas analogias para superar essa dificuldade, tentando sugerir algo à nossa intuição. De fato, os antigos teósofos de Alexandria, no Século III, eram chamados de "analogistas" porque usavam frequentemente esse enfoque para compreender a Vida.

A ideia hindu de *Līlā,* o jogo divino, sugere que o significado da vida é *Ānanda,* felicidade ou bem-aventurança. Nós podemos compará-la à alegria de jogar o jogo, mas então a mente racional pode criar a ideia de competição, portanto distorcendo a analogia por meio da interferência da mente inferior com a ambição de ganhar o jogo. A verdadeira alegria de um jogo só pode ser sentida se amamos tanto o jogo que o jogamos por amor ao jogo, não ansiando por um resultado ou uma recompensa, como é dito no *Gitā:*

> "Tua missão consiste somente na ação, nunca nos seus frutos; portanto, não deixes que o fruto da ação seja o teu motivo, nem te apegues à inação (...) portanto, adere-te ao *Yoga, Yoga* é habilidade na ação"[3].

É semelhante à alegria de um jogador de golfe que ama jogar mesmo sozinho, sem o motivo de competição, e, consequentemente, ele está sempre aperfeiçoando a sua habilidade, crescendo "como cresce a flor, inconscientemente, mas ardendo em ânsias de entreabrir sua alma à brisa"[4].

Outra maneira de considerar a verdadeira motivação para esta jornada em direção ao eterno é que "'o primeiro passo é o último passo', e o que importa é a direção tomada com o primeiro passo"[5], como a Dra. Radha Burnier comenta o pensamento do Sr. J. Krishnamurti, que também disse que "os meios determinam o fim"[6]. Portanto, o jogo tem de ser da mesma natureza de alegria desapegada, desde o princípio até o fim.

Outra analogia, proveniente da tradição sufi, sugere que o significado da vida é o amor, que no princípio Deus era uno e estava só, então Ele dividiu-se a fim de que seus fragmentos pudessem se amar uns aos outros, e assim descobrir que são partes do Todo.

Similarmente, o Bispo Leadbeater escreveu: "Deus[(B)] é amor, e (...) todo o seu poderoso universo está se movimentando firmemente na direção de um determinado objetivo final de unidade consciente com Ele (...) que é o Pai amantíssimo de todos os seus filhos, e já está fazendo por eles muito mais do que eles poderiam pedir, muito mais do que eles podem conceber. Tudo o que Lhe podemos oferecer em retribuição é o nosso amor e o nosso serviço, e o nosso amor é a própria manifestação de Deus dentro de nós[(C)], de tal modo que a única ação de nossa parte, que pode ser concebida como prazerosa para Ele, é aquela que permite cada vez mais ao Deus interno[(C)] manifestar a si mesmo através de nós. Esta me parece ser a maior de todas as verdades – a verdade da qual tudo mais depende"[7].

Talvez nós possamos mesmo descobrir que a essência do amor puro é felicidade e que a essência da verdadeira felicidade é querer compartilhá-la com os outros, o que é amor. Se observarmos as vidas dos Grandes Bem-aventurados – Buddha, Cristo, Krishna, Śankara e muitos outros – nós veremos que beatitude, amor, sabedoria, e muitas outras virtudes são tão integradas que até Sócrates dizia que havia somente uma virtude, embora nós geralmente percebamos apenas suas diferentes manifestações.

Dessa forma, poderíamos chegar à conclusão de que o próprio sentido da vida é algo que integra todos os diferentes significados que fôssemos capazes de encontrar, como a luz branca integra todas as cores do espectro.

Nossa dificuldade, por outro lado, é que, se a mente não for pura, ela separará e distorcerá as coisas e suas proporções de tal maneira que os seres humanos, às vezes, não conseguem ver absolutamente nenhum significado na vida. Porém, mesmo no sofrimento e na provação há uma proporção, como diz a Bíblia: "Deus é fiel, não permitirá que sejais tentados acima das vossas forças. Mas, com a tentação, ele vos dará os meios de sair dela e a força para a suportar"[8].

E o Bispo Leadbeater comenta:

> "Quando um homem é completamente permeado pela absoluta certeza do amor eterno e da justiça absoluta, ele descobrirá, a par-

tir daí, como um fato básico, todos os outros fatos na Natureza gradualmente se alinhando e ocupando seus próprios lugares. Algum tipo de problema advém a cada ser humano, e por causa disso o homem é às vezes tentado a crer que algo está errado – que deve haver uma falha em algum lugar e de algum modo na operação do esquema divino"[9].

"A Teosofia salva seus estudantes deste erro ao tornar-lhes absolutamente claro que nenhum sofrimento imerecido pode chegar a nenhum homem. Qualquer problema que nós possamos encontrar é simplesmente da natureza de uma dívida na qual incorremos; e uma vez que temos de pagá-la, quanto antes a resgatarmos, melhor. Nem isso é tudo; pois cada problema é uma oportunidade de desenvolvimento. Se nós o suportarmos paciente e bravamente, não permitindo que ele nos subjugue, mas enfrentando-o e fazendo com ele o melhor possível, por meio disso desenvolvemos dentro de nós as valiosas qualidades da coragem, perseverança, determinação; e assim, a partir do resultado de nossos erros do passado remoto, nós produzimos o bem ao invés do mal"[10].

"Certamente, devíamos nós, que estamos tentando adquirir algum conhecimento definido da ordem cósmica, já ter compreendido que a visão otimista de todas as coisas é sempre a que está mais próxima da visão divina"[11].

Também encontramos em *A Doutrina do Coração:*

"O exterior sempre revela o interior ao olho que vê, e pessoas e lugares são, portanto, sempre interessantes. Novamente, o mundo externo não é algo desprezível como alguém poderia imaginar durante a primeira intensidade e agudeza de seu *vairāgya,* ou aversão por aparências, pois, se assim fosse, toda a criação seria um desperdício de energia tolo e sem propósito. Porém tu sabes que de fato não é assim; que por outro lado existe uma filosofia profunda e sólida, mesmo nestas manifestações ilusórias ou vestes exteriores, e que Carlyle em seu *Sartor Resartus* demonstrou uma parte desta filosofia. Por que então se virar com náusea e horror mesmo do refugo mais externo. Mesmo os mantos, nos quais se oculta a

Deidade Suprema, não são sagrados para nós e cheios de sábias lições?"[12].

Assim, nós podemos ver essa necessidade de remover as impurezas da mente e as consequentes distorções de percepção. É a necessidade de uma regeneração de nossa natureza, um novo nascimento espiritual, o nascimento de uma reta percepção. Como o Cristo disse: "Na verdade, na verdade te digo que aquele que não nascer de novo, não pode ver o reino de Deus"[13].

Sete são os obstáculos clássicos ou impurezas, de acordo com a tradição cristã, que podem bloquear nossa percepção do verdadeiro Sol de amor e alegria espirituais. Essas sete "nuvens", por assim dizer, são o orgulho, a inveja e a avareza (predominantemente no nível mental); a ira, a luxúria e a gula (predominantemente no nível emocional); e a preguiça (predominantemente no nível físico).

Na sua presença nós perdemos, durante aquele período de tempo, a percepção daquele Sol espiritual de amor e deleite, e assim separamos a nós mesmos dos outros. A necessidade de compartilhar a bem-aventurança, que é amor, não parece estar ali, e nos sentimos solitários. Esta é apenas uma percepção distorcida daquela unidade que permeia todas as coisas e todos os seres. Para evitar esta distorção, nós não precisamos criar o amor, o que é tão impossível quanto criar o Sol, mas apenas evitar as sete "nuvens" mencionadas, não as nutrindo. Então, a glória do Sol será visível novamente. De fato, o Sol esteve sempre brilhando, somente a nossa percepção estava bloqueada e não podia vê-lo. Portanto, para evitar a formação de nuvens se requer uma vigilância, momento a momento, a fim de restabelecer a percepção da unidade, como um novo nascimento, como o Cristo disse: "Naquele dia sabereis que estou em meu Pai, e vós em mim, e eu em vós"[14].

Em linguagem mais moderna e psicológica, J. Krishnamurti disse:

> "Presos como estamos nesta armadilha – e é uma armadilha terrível – perguntar-se-ia por que nós não rompemos o condicionamento, por que permanecemos inertes e tolos, vazios, com mente rasa, superficial ou mesmo embotada. Será porque nós não conhecemos

a nós mesmos? Deixando de lado as ideias dos diversos especialistas, com suas afirmações e dogmas peculiares, nós vemos que realmente nunca investigamos a nós mesmos, indo profundamente dentro de nós mesmos para descobrir o que realmente nós somos. Será esta a razão pela qual nós não mudamos? Ou será porque não conseguimos a energia? Ou porque nós estamos entediados – não apenas com nós mesmos, mas também com o mundo, um mundo que tem muito pouco a oferecer exceto carros, banheiros maiores e tudo o mais? Desta forma, nós estamos entediados externamente e, provavelmente, também com nós mesmos porque estamos presos na armadilha e não sabemos como sair dela. É também provável que estejamos muito preguiçosos. Além disso, no conhecer a nós mesmos não existe nenhum lucro, nenhuma recompensa no final, enquanto que a maioria de nós está condicionada pelo motivo da recompensa"[15].

Portanto, é extremamente importante saber como as nuvens são criadas por nós, para sermos capazes de evitá-las. Esse tipo especial de conhecimento é chamado de autoconhecimento; esse é o caminho para nossa regeneração. O fato é que quando estamos realmente conscientes, vendo e compreendendo as nuvens que nós estamos criando, nós imediatamente paramos de nutri-las, deste modo elas dissolvem a si mesmas, e a percepção fica novamente livre.

Como enfatizava o Sr. Sri Ram:

"Isto tem de ser profundamente compreendido e realizado. A compreensão que é necessária não é apenas um entendimento mental, que é superficial. Tal entendimento não transforma a vontade, porque está cheio de reservas mentais. Quando nós compreendemos uma verdade por nós mesmos, completa e livremente, a verdade então nos liberta dos erros e das superstições que florescem em sua ausência. Nós não estamos, nenhum de nós, tão livres quanto imaginamos estar; nós pensamos estar livres enquanto temos um tipo de liberdade externa superficial. Porém, a partir de um ponto de vista interno, nós só temos liberdade para perder a nossa liberdade, o que fazemos prontamente... Quando realmente compreendemos o problema, quão completa é a natureza da transformação que é requerida, nós deixamos de ser impacientes. Não importa quanto tempo ela levará, nós sabemos a direção e devemos segui-la; haverá muitos problemas e nós podemos dar um jeito neles."[16].

De fato, para sermos capazes de realizar uma tão completa transformação e regeneração espiritual, nós não podemos utilizar apenas uma parte superficial da mente, nós temos de estar completamente envolvidos no processo de transformação e não dissipar nossa energia em conflitos.

Como Krishnamurti deixou claro: "A desordem não pode ser transformada em ordem. Porém, a negação da desordem é a natureza da transformação: a própria negação é a transformação... Então aquela negação do que é falso, que é a natureza da transformação, é verdade... Essa desordem é criada pelo pensamento, que é o eu e que cria a separação. ...Qualquer movimento do pensamento apenas criará mais desordem. ...O próprio pensamento tem de negar a si mesmo... Portanto, quando o pensamento compreende que o que quer que ele faça, qualquer movimento que ele faça, é desordem, então há o silêncio. A natureza da transformação da desordem é o silêncio... É o silêncio quem cria a ordem, não o pensamento"[17].

A partir do silêncio que é paz, que é bem-aventurança, que é amor, vem a completa entrega àquela Vida Una que é a natureza essencial de todos os seres e de todas as coisas. Quando todos os conflitos cessam, há somente uma harmonia para ser compartilhada com todos. Pois a nossa dificuldade geral para sentir o significado da vida é que nós estamos em conflito com a vida, demasiado apegados e identificados, através dos sentidos, com as correspondentes atrações e repulsões dos nossos corpos. Quando se encontra essa harmonia com a vida, o significado está lá, como um perfume que está por toda parte: ele nos leva na cálida brisa da sua graça.

Como é dito em *Luz no Caminho*:

> "O silêncio pode durar um momento ou pode prolongar-se por milhares de anos, porém, terá fim. No entanto, reterás contigo a sua força... Então poderás saber que encontraste o começo do caminho. E quando chegares ao fim, a sua luz se transformará subitamente na luz infinita ... Sabe... que aqueles que passaram pelo si-

lêncio, sentiram a sua paz e retiveram a sua força, anseiam que tu também passes por ele"[18].

Essa regeneração através do silêncio é o caminho para encontrar o significado da vida.

QUESTÕES PARA ESTUDO DIRIGIDO:

1) Quais são os obstáculos mais comuns que podem dificultar nossa percepção do significado da vida?
2) O que são "questões últimas" e como devemos considerá-las?
3) Quais são as analogias tradicionais sobre o significado da vida?
4) Pode um sofrimento imerecido chegar ao ser humano?
5) Como pode o autoconhecimento dissipar as "nuvens" que obstaculizam a nossa percepção?
6) Qual a natureza da regeneração e da compreensão necessária para que ela ocorra?

BIBLIOGRAFIA RECOMENDADA:

BURNIER, Radha. *Regeneração Humana.* Brasília, Ed. Teosófica, 1990.
TAIMNI, I.K. *Princípios de Trabalho da Sociedade Teosófica* Brasília, Ed. Teosófica, 1994.
COLLINS, Mabel. *Luz no Caminho.* Brasília, Ed. Teosófica, 1999.
LEADBEATER, C.W. *Auxiliares Invisíveis.* São Paulo, Ed. Pensamento, 1976.
KRISHNAMURTI, J. *A Educação e o Significado da Vida.* São Paulo, Cultrix, 1980.
LEADBEATER, C.W. Introdução à Teosofia. Brasília, Ed. Teosófica, 2010.

REFERÊNCIAS BIBLIOGRÁFICAS:

1) CARTAS dos Mahatmas para A.P.Sinnett. Brasília, Ed. Teosófica, 2001. v. 1. p. 134.
2) TAIMNI, I.K. *Princípios de Trabalho da Sociedade Teosófica* Brasília, Ed. Teosófica, 1994. p. 14.
3) BHAGAVAD Gitā. Trad. Annie Besant. Chennai, Brasília, Ed. Teosófica, 2010. p. 64-6. [II; 47-50]
4) COLLINS, Mabel. *Luz no Caminho*. Brasília, Ed. Teosófica, 1999. p. 40.
5) BURNIER, Radha. *Regeneração Humana*. Brasília, Ed. Teosófica, 1990. p. 50.
6) KRISHNAMURTI, J. *A Educação e o Significado da Vida*. São Paulo, Cultrix, 1980. p. 21.
7) LEADBEATER, C.W. *A Atitude Teosófica*. TheoSophia, Brasília, s/n:3-15, out./dez. 2002, p. 11.
8) A BÍBLIA de Jerusalém. São Paulo, Paulus, 1995. p. 2160. (I Coríntios X; 13)
9) LEADBEATER, *op. cit.*, p. 11.
10) LEADBEATER, C.W. *An Outline of Theosophy*. Chennai, The Theosophical Publishing House, 1999. p. 89.
11) LEADBEATER, C.W. *Auxiliares Invisíveis*. São Paulo, Pensamento, 1976. p. 95.
12) BESANT, Annie. *A Doutrina do Coração*. Brasília, Ed. Teosófica, 1991. p. 46.
13) A BÍBLIA Sagrada.. Rio de Janeiro, Sociedade Bíblica do Brasil, 1976. p. 123 NT. (João III; 3)
14) Ibidem, p. 142 NT. (João XIV; 20)
15) KRISHNAMURTI, J. *You are the World. New York,* Harper & Row, 1973. p.108-9.
16) RAM, N. Sri. *Human Regeneration*. Chennai, The Theosophical Publishing House, 2002. p. 37-55.
17) KRISHNAMURTI, *op. cit.* acima nota 18, p.106-8.
18) COLLINS, *op. cit.*, p. 53-62. (I; 20-21)

Responsável por este capítulo: Ricardo Lindemann

Aos Pés do Mestre

Jiddu Krishnamurti

Esse livro é uma joia de inspiração espiritual, cujo valor inestimável reside na simplicidade, profundidade e poder de síntese de sua mensagem, para aqueles que aspiram por mais luz, sabedoria e amor para todos.

Desde 1910 tem sido traduzido em mais de 27 línguas e apreciado em inúmeros países de todo o mundo.

(Livro de bolso)

❑❑❑

Autocultura à Luz do Ocultismo

I.K.Taimni

Dr. I.K.Taimni, renomado professor e pesquisador de Química, sendo também versado em Filosofia Oriental, apresenta nesta obra, em linguagem contemporânea, uma das mais claras e profundas descrições da atuação da consciência através de seus veículos, bem como dos métodos que levam ao desenvolvimento dos poderes latentes no homem.

MEDITAÇÕES

Excertos das Cartas dos Mestres de Sabedoria

Comp. Katherine A. Beechey

Uma primorosa seleção de pensamentos extraídos das *Cartas dos Mahatmas,* apresentando um pensamento para cada dia do ano, e relacionando cada mês com uma qualidade como altruísmo, pureza, coragem, intuição, equilíbrio, entre outras.

(Livro de bolso)

Maiores informações sobre Teosofia e o Caminho Espiritual podem ser obtidas escrevendo para a **Sociedade Teosófica no Brasil** no seguinte endereço: SGAS - Quadra 603, Conj. E, s/nº, CEP 70.200-630 Brasília, DF. O telefone é (61) 3322-7843. Também podem ser feitos contatos pelo fax (61) 3226-3703 ou
e-mail: editorateosofica@sociedadeteosofica.org.br
site: www.sociedadeteosofica.org.br

gráfika
papel&cores

(61) 3344-3101
papelecores@gmail.com